债务、风险与监管
——实体经济债务变化与金融系统性风险监管研究

Debt, Risk and Regulation
—Research on the Change of Real Economy Debt and the
Regulation of Financial Systemic Risk

朱太辉　著

图书在版编目（CIP）数据

债务、风险与监管——实体经济债务变化与金融系统性风险监管研究/朱太辉著. —北京：经济管理出版社，2019.3
ISBN 978-7-5096-6442-1

Ⅰ.①债… Ⅱ.①朱… Ⅲ.①金融风险防范—债务管理—研究—中国 Ⅳ.①F832.1

中国版本图书馆 CIP 数据核字（2019）第 050580 号

组稿编辑：宋　娜
责任编辑：宋　娜　张馨予　杜羽茜
责任印制：黄章平
责任校对：王淑卿

出版发行：经济管理出版社
　　　　　（北京市海淀区北蜂窝 8 号中雅大厦 A 座 11 层　100038）
网　　址：www.E-mp.com.cn
电　　话：（010）51915602
印　　刷：三河市延风印装有限公司
经　　销：新华书店
开　　本：720mm×1000mm/16
印　　张：12.25
字　　数：163 千字
版　　次：2019 年 7 月第 1 版　2019 年 7 月第 1 次印刷
书　　号：ISBN 978-7-5096-6442-1
定　　价：98.00 元

·版权所有　翻印必究·
凡购本社图书，如有印装错误，由本社读者服务部负责调换。
联系地址：北京阜外月坛北小街 2 号
电话：（010）68022974　　邮编：100836

第七批《中国社会科学博士后文库》编委会及编辑部成员名单

（一）编委会

主　任：王京清

副主任：马　援　张冠梓　高京斋　俞家栋　夏文峰

秘书长：邱春雷　张国春

成　员（按姓氏笔划排序）：

卜宪群　王建朗　方　勇　邓纯东　史　丹　朱恒鹏　刘丹青
刘玉宏　刘跃进　孙壮志　孙海泉　李　平　李向阳　李国强
李新烽　杨世伟　吴白乙　何德旭　汪朝光　张　翼　张车伟
张宇燕　张星星　陈　甦　陈众议　陈星灿　卓新平　房　宁
赵天晓　赵剑英　胡　滨　袁东振　黄　平　朝戈金　谢寿光
潘家华　冀祥德　穆林霞　魏后凯

（二）编辑部（按姓氏笔划排序）：

主　任：高京斋

副主任：曲建君　李晓琳　陈　颖　薛万里

成　员：王　芳　王　琪　刘　杰　孙大伟　宋　娜　陈　效
　　　　苑淑娅　姚冬梅　梅　玫　黎　元

序　言

博士后制度在我国落地生根已逾30年，已经成为国家人才体系建设中的重要一环。30多年来，博士后制度对推动我国人事人才体制机制改革、促进科技创新和经济社会发展发挥了重要的作用，也培养了一批国家急需的高层次创新型人才。

自1986年1月开始招收第一名博士后研究人员起，截至目前，国家已累计招收14万余名博士后研究人员，已经出站的博士后大多成为各领域的科研骨干和学术带头人。其中，已有50余位博士后当选两院院士；众多博士后入选各类人才计划，其中，国家百千万人才工程年入选率达34.36%，国家杰出青年科学基金入选率平均达21.04%，教育部"长江学者"入选率平均达10%左右。

2015年底，国务院办公厅出台《关于改革完善博士后制度的意见》，要求各地各部门各设站单位按照党中央、国务院决策部署，牢固树立并切实贯彻创新、协调、绿色、开放、共享的发展理念，深入实施创新驱动发展战略和人才优先发展战略，完善体制机制，健全服务体系，推动博士后事业科学发展。这为我国博士后事业的进一步发展指明了方向，也为哲学社会科学领域博士后工作提出了新的研究方向。

习近平总书记在2016年5月17日全国哲学社会科学工作座谈会上发表重要讲话指出：一个国家的发展水平，既取决于自然科学发展水平，也取决于哲学社会科学发展水平。一个没有发达的自然科学的国家不可能走在世界前列，一个没有繁荣的哲学社会科学的国家也不可能走在世界前列。坚持和发展中国特色社会主义，需要不断在实践中和理论上进行探索、用发展着的理论指导发展着的实践。在这个过程中，哲学社会科学具有不可替代的重要地位，哲学社会科学工作者具有不可替代的重要作用。这是党和国家领导人对包括哲学社会科学博士后在内的所有哲学社会科学领域的研究者、工作者提出的殷切希望！

中国社会科学院是中央直属的国家哲学社会科学研究机构，在哲学社会科学博士后工作领域处于领军地位。为充分调动哲学社会科学博士后研究人员科研创新的积极性，展示哲学社会科学领域博士后的优秀成果，提高我国哲学社会科学发展的整体水平，中国社会科学院和全国博士后管理委员会于2012年联合推出了《中国社会科学博士后文库》（以下简称《文库》），每年在全国范围内择优出版博士后成果。经过多年的发展，《文库》已经成为集中、系统、全面反映我国哲学社会科学博士后优秀成果的高端学术平台，学术影响力和社会影响力逐年提高。

下一步，做好哲学社会科学博士后工作，做好《文库》工作，要认真学习领会习近平总书记系列重要讲话精神，自觉肩负起新的时代使命，锐意创新、发奋进取。为此，需做到：

第一，始终坚持马克思主义的指导地位。哲学社会科学研究离不开正确的世界观、方法论的指导。习近平总书记深刻指出：坚持以马克思主义为指导，是当代中国哲学社会科学区别于其他哲学社会科学的根本标志，必须旗帜鲜明加以坚持。马克思主义揭示了事物的本质、内在联系及发展规律，是"伟大的认识工具"，是人们观察世界、分析问题的有力思想武器。马克思主义尽管诞生在一个半多世纪之前，但在当今时代，马克思主义与新的时代实践结合起来，越来越显示出更加强大的生命力。哲学社会科学博士后研究人员应该更加自觉地坚持马克思主义在科研工作中的指导地位，继续推进马克思主义中国化、时代化、大众化，继续发展21世纪马克思主义、当代中国马克思主义。要继续把《文库》建设成为马克思主义中国化最新理论成果宣传、展示、交流的平台，为中国特色社会主义建设提供强有力的理论支撑。

第二，逐步树立智库意识和品牌意识。哲学社会科学肩负着回答时代命题、规划未来道路的使命。当前中央对哲学社会科学愈加重视，尤其是提出要发挥哲学社会科学在治国理政、提高改革决策水平、推进国家治理体系和治理能力现代化中的作用。从2015年开始，中央已启动了国家高端智库的建设，这对哲学社会科学博士后工作提出了更高的针对性要求，也为哲学社会科学博士后研究提供了更为广阔的应用空间。《文库》依托中国社会科学院，面向全国哲学社会科学领域博士后科研流动站、工作站的博士后征集优秀成果，入选出版的著作也代表了哲学社会科学博士后最高的学术研究水平。因此，要善于把中国社会科学院服务党和国家决策的大智库功能与《文库》的小智库功能结合起来，进而以智库意识推动品牌意识建设，最终树立《文库》的智库意识和品牌意识。

第三，积极推动中国特色哲学社会科学学术体系和话语体系建设。改革开放30多年来，我国在经济建设、政治建设、文化建设、社会建设、生态文明建设和党的建设各个领域都取得了举世瞩目的成就，比历史上任何时期都更接近中华民族伟大复兴的目标。但正如习近平总书记所指出的那样：在解读中国实践、构建中国理论上，我们应该最有发言权，但实际上我国哲学社会科学在国际上的声音还比较小，还处于"有理说不出、说了传不开"的境地。这里问题的实质，就是中国特色、中国特质的哲学社会科学学术体系和话语体系的缺失和建设问题。具有中国特色、中国特质的学术体系和话语体系必然是由具有中国特色、中国特质的概念、范畴和学科等组成。这一切不是凭空想象得来的，而是在中国化的马克思主义指导下，在参考我们民族特质、历史智慧的基础上再创造出来的。在这一过程中，积极吸纳儒、释、道、墨、名、法、农、杂、兵等各家学说的精髓，无疑是保持中国特色、中国特质的重要保证。换言之，不能站在历史、文化虚无主义立场搞研究。要通过《文库》积极引导哲学社会科学博士后研究人员：一方面，要积极吸收古今中外各种学术资源，坚持古为今用、洋为中用。另一方面，要以中国自己的实践为研究定位，围绕中国自己的问题，坚持问题导向，努力探索具备中国特色、中国特质的概念、范畴与理论体系，在体现继承性和民族性、体现原创性和时代性、体现系统性和专业性方面，不断加强和深化中国特色学术体系和话语体系建设。

新形势下，我国哲学社会科学地位更加重要、任务更加繁重。衷心希望广大哲学社会科学博士后工作者和博士后们，以《文库》系列著作的出版为契机，以习近平总书记在全国哲学社会科学座谈会上的讲话为根本遵循，将自身的研究工作与时代的需求结合起来，将自身的研究工作与国家和人民的召唤结合起来，以深厚的学识修养赢得尊重，以高尚的人格魅力引领风气，在为祖国、为人民立德立功立言中，在实现中华民族伟大复兴中国梦的征程中，成就自我、实现价值。

是为序。

中国社会科学院副院长
中国社会科学院博士后管理委员会主任
2016 年 12 月 1 日

摘　要

近年来，我国实体经济部门债务持续快速增加，债务偿还压力逐渐显现，已成为我国金融体系脆弱性的主要源头之一。2008年国际金融危机爆发后，如何改善金融监管的前瞻性和有效性成为全球金融监管改革反思的焦点。在整个国民经济中，金融体系属于配置资金的中介部门，实体经济（企业部门、家庭部门和政府部门）的债务风险最终会反映在金融体系特别是银行业的风险和稳健性上；实体经济的债务对应着金融机构的资产，实体经济部门的债务变化在时序上先于金融机构的资产变化。从实体经济债务视角来监测和防控金融系统性风险，有助于更好地掌握系统性风险的来源和提高宏观审慎监管的前瞻性、全面性、深入性和有效性。

本书聚焦于实体经济债务如何影响金融体系的稳定性、如何基于实体经济债务改善金融系统性风险监管的前瞻性和有效性这两个逻辑上依次递进的问题，基于"实体经济债务的发展、原因与风险分析——实体经济债务影响金融脆弱性的理论机制——实体经济债务影响金融脆弱性的实证检验——金融系统性风险监管改进之策——实体经济债务风险治理之道"这一研究思路，综合采取统计分析、理论分析和实证检验等研究方法，进行了较为全面系统的研究。

本书对近20余年来我国实体经济债务的发展演进进行了详

细的统计分析，发现自1995年以来，我国实体经济负债率经历了四个扩张阶段：1996年第一季度末至2000年第一季度末、2002年初至2004年第一季度末、2009年初至2010年第二季度末、2012年初至2016年末，其中第四阶段的负债率上涨持续时间最长、上涨幅度最大。2008年底是私营部门偿债压力的一个分界点，进入负债率快速上涨的第三阶段和第四阶段后，我国私营部门的债务偿还压力在不断增大。

本书从债务规模、债务结构、融资方式和偿债压力四个方面，对当前我国实体经济债务的风险特征进行了较为全面的研究。研究结果表明，当前我国实体经济的债务风险已经非常显著：实体经济存量债务已超越被广泛认可的安全边界；企业部门和地方政府债务水平过高，其中地方政府、房地产行业、产能过剩行业、国有企业等领域的债务风险尤为显著；债务融资的期限错配、低透明度、高成本问题突出；近年来经济增速、财政收入和企业盈利下滑，明显加大了实体经济的债务偿还风险。

关于我国实体经济债务规模持续上涨和债务风险不断积累背后的原因，本书认为我国经济增长高度依赖投资驱动和负债扩张的粗放式发展模式、地方政府和国有企业一直以来的投资冲动和预算软约束、金融体系长期存在的结构不合理和运作低效率形成了一个相互促进的"三角循环"，共同导致了我国实体经济债务的持续积累和潜在风险的不断加大。

实体经济债务影响金融体系脆弱性的理论机制是本书的研究重点之一。本书梳理分析了债务收缩会通过"债务—通缩理论"影响金融稳定、债务扩张会通过"金融不稳定假说"影响金融稳定、债务供给方的银行会通过"金融加速器模型"影响金融稳定、债务需求方的企业会通过"资产负债表衰退理论"影响金融稳定的具体机制。在此基础上，本书吸收借鉴上述四个理论的思想，构建了一个新的债务周期解释框架，可以综合反映实体经济债务扩张时间、扩张速度、分布结构对金融体系稳定的影响。

本书的另一个重点研究内容是对"实体经济债务变化影响金融体系稳定"的理论机制进行实证检验。本书在评析国内外债务周期（金融周期）实证研究缺陷的基础上，结合我国经济、金融发展的独特性，选择债务周期构建指标，优化设计债务周期识别方法，对近年来我国实体经济债务周期的变化与特征进行了实证检验，并分析债务周期变化背后隐藏的金融系统性风险。实证结果表明，我国债务周期与欧美等成熟市场经济体的债务周期存在明显差异：短周期的长度为5年左右，与我国经济周期（4~6年）基本相同，中周期的长度为7年左右，略长于经济周期；不论是债务的短周期还是中周期，收缩阶段的持续时间均明显长于扩张阶段的持续时间；债务短周期与国家金融调控政策导向高度吻合，与经济短周期峰谷交错，债务中周期的持续时间和波动幅度明显低于西方发达国家。这反映出中国主动的金融调控政策在调控债务周期中起到了关键作用，并减少了中国金融体系的中长期波动和脆弱性。

本书在理论分析和实证检验的基础上，对危机后宏观审慎监管改革及其缺陷进行了评析，进而从实体经济债务视角研究提出了金融系统性风险监管的完善路径和具体措施。在金融系统性风险监测上，应增加对实体经济债务规模（总负债率）、债务结构（各个行业领域的负债率）、偿债能力（偿债率，如隐含不良贷款率、企业"破产距离"）的变化监测，以提高监测的前瞻性和全面性。在宏观审慎监管上，应考虑基于实体经济债务优化逆周期资本计提的标准，通过扩大贷款价值比（LTV）应用来优化债务结构，通过设置债务偿付能力指标来降低贷款违约风险，提高监管的深入性和有效性。

从实体经济债务视角改进金融系统性风险的监测和监管只是金融风险防控的中间环节，根本之道在于切实降低实体经济负债率（去杠杆）和有效缓解实体经济的偿债压力。实体经济负债率（杠杆率）=债务规模/GDP，我国实体经济去杠杆和债务风险治理可从以下三方面综合推进：一是分子策略，针对性地压减低产出效率的债务和杠杆，其中旨在降低企业部门杠杆率的银行债转股不应过激过快，应始终坚持市场化和法治化原则，稳妥理性推进；二是分母策略，关键在于通过供给侧结构性改革提升经济潜在增长率，简单的刺激政策短期内虽然可做大分母，但长期会促使分子更快增长，反而会提高实体经济杠杆率；三是结构策略，调整优化不同行业领域的债务资金配置，去杠杆和结构性改革是一个问题的两个方面，本质上都是要提高资源利用效率，没有经济结构的不断优化升级，实体经济去杠杆难以有效推进。总而言之，唯有强力推改革和持续调结构，才能有效推动实体经济去杠杆。

本书的研究结果对于理解金融体系与实体经济、银行业服务实体经济与防控金融风险之间关系的一个重要启示是：服务实体经济是金融体系发展的根本目标，管控风险是金融体系发展的立身之本，两者需要注重动态平衡。如果一味地强调金融服务实体经济，通过金融扩张来缓解经济下行压力，那么金融发展带来的只能是金融资源的持续错配和金融风险的持续积累，最终不但不利于实体经济的平稳较快增长，反而会增加金融体系的风险防控压力。这背后的原因是：简单持续的信贷和债务扩张会导致资源配置效率的下降，短期内虽然可以维持经济的平稳增长，但长期来看会导致金融系统性风险的不断积累。

本书从金融机构和金融体系之外来探讨金融系统性风险，

将系统性风险的监测、评估和监管前移至实体经济部门债务层面，拓展了金融系统性风险和宏观审慎监管研究的范畴，也有助于学术界和监管层更好地认识实体经济债务与金融系统性风险之间的关系、金融体系与实体经济之间的关系。本书提出的实体经济债务变化影响金融脆弱性的债务周期（金融周期）解释框架，有助于推动该领域研究的不断扩展和持续深化，并帮助监管人员更好地理解和把握实体经济债务影响金融稳定性的机制和路径。本书结合中国经济金融体系的实际情况，对识别债务周期（金融周期）波峰（波谷）的转折点法和带通滤波法的参数设置进行了优化调整，有助于提高债务周期实证检验方法的合理性和适用性。

关键词：负债率；偿债率；债务周期（金融周期）；系统性风险；宏观审慎监管；去杠杆

Abstract

In recent years, the real economy debt in China continues to increase rapidly, and the pressure of debt repayment appears gradually, which have become one of the main sources of financial fragility. After the outbreak of the international financial crisis in 2008, how to improve the foresight and effectiveness of financial regulation has become the focus of the global financial regulation reform, In a national economic system, the financial system serves as the intermediary sector of allocating funds, so the debt risk of the real economy (including the enterprise sector, the household sector, and the government sector) will eventually be reflected back at the risk and the robustness of the financial system, especially the banking sector; the debt of the real economy corresponds to the assets of the financial institutions, but the debt change of the real economy precedes the asset change of the financial institutions in time sequence. Monitoring and controlling the financial systemic risk baed on the real economy debt help to grasp the sources of financial systemic risk and improve the effectiveness of macro-prudential regulation.

This book focuses on the two logically sequential problems—how the real economy debt affects the financial stability and how to improve the foresight and effectiveness of financial systemic risk regulation based on the real economy debt. Following the framework: The development, causes and risk analysis of real economy debt—theoretical mechanisms of real economy debt affecting financial fragility—empirical test on how real economy debt affecting financial fragility—thoughts and policies for reinforcing financial systematic risk regulation—real economy debt risk governance, the research is carried out by means of statistical analysis, theoretical analysis and empirical test.

This book makes a detailed statistical analysis of the development and evolution of China's real economy debt in the past 20 years, and finds that, China's real economy debt ratio (debt-to-GDP ratio) has gone through four expansion stages since 1995: from the end of the first quarter of 1996 to the end of the first quarter of 2000, from early 2002 to the end of the first quarter of 2004, from early 2009 to early in the second quarter of 2010, from early 2012 to the end of 2016, among which the fourth stage has seen the largest increase of debt ratio for the longest time. There was a dividing point of the debt repayment pressure in the private sector at the end of 2008, after which the debt ratio rose quickly in the third and fourth stages. China's private sector has gone through ever-increasing pressure on debt repayment since then.

This book has carried a comprehensive research on the characteristics of the real economy debt risk from the four aspects: debt scale, debt structure, financing mode and debt repayment pressure. The results show that the current debt risk in China's real economy is very significant: The debt stock of real economy has exceeded the widely accepted safe limit; the debt ratios of the enterprise sector and

Abstract

the local government sector are too high, among which the debt risks of local government, real estate industry, industries with excess capacity and state-owned enterprises are especially significant; the problems of duration mismatch, low transpar-ency, high cost of the debt financing are prominent; and economic growth, fiscal revenue and corporate earnings declining in recent years significantly increase the debt repayment risk of the real economy.

Regard to the reasons behind China's real economy debt scale and the accumulating debt risk, the book suggests that it is the reinforcing triangular cycle: the economic developrnent model depending on investment and debt expansion, the long-lasting investment impulse and the soft budget constraint of local governments and state-owned enterprises, and the unreasonable structure and low operation efficiency of financial system, that has been driving the continuously increase of China's real economy debt and the potential risk accamulation.

One key part of this book is the theoretical mechanisms of how real economy debt affects the fragility of the financial system. Specifically, the following theories are analyzed: Debt contraction affects financial stability through the "debt-deflation theory", debt expansion affects financial stability through the "financial instability hypothesis", banks as the fund suppliers affects financial stability through the "financial accelerator model", and enterprises as the fund demanders affects financial stability through the "balance-sheet recession theory". Absorbing the thoughts of the four theories above, this book builds a new debt cycle interpretation framework, which is able to comprehensively reflect the influences of expansion time, expansion velocity and structure allocation of real economy debt on the financial system stability.

Another key part of this book is to empirically test the theoretical mechanisms of how the change of real economy debt affecting financial stability. On the basis of analysing the defects of the existing domestic and foreign empirical researches on debt cycle (financial cycle), this book chooses debt cycle index which takes into account the uniqueness of economic and financial development in China, optimizes debt cycle identification methods, empirically tests the changes and the characteristics of China's debt cycle in recent years, and analyses the financial systemic risk behind the debt cycle. The empirical results show that China's debt cycle is significantly different from that of the developed economies such as Europe and U. S., The length of the short debt cycle is about 5 years which is basically the same as that of China's economic cycle (4 to 6 years). The length of the medium debt cycle is about 7 years which lasts slightly longer than that of the economic cycle (4~6 years). The duration of the contraction phase is obviously longer than that of the expansion phase, which is the case for both short and medium debt cycles. China's short debt cycle is highly consistent with the guidance of government's financial policy, and interlaces with the economic short cycle, and the duration and volatility of the debt cycle is significantly lower than that of the western developed countries. This reflects that China's proactive monetary policy and financial regulation play a key role in controlling and smoothing the debt cycle, reducing the medium and long term fluctuations and fragility of China's financial system.

Abstract

On the basis of theoretical analysis and empirical test, this book analyses macro-prudential regulation reforms after the crisis and its defects, and then puts forward the optimization pathes and concrete measures of the financial systemic risk regulation from the perspective of the real economy debt. On the monitoring of financial systemic risk, the debt scale of the economy (total debt ratio), the debt structure (the debt ratio of different industry or sectors), the debt repayment ability (debt servicing ratio such as the implied non-performed loan rate and the enterprise "bankruptcy distance") should be added to the monitoring framework in order to improve the foresight and comprehensiveness of financial systemic risk monitoring. The macro-prudential regulation should adjusts the counter-cyclical capital buffer standard based on real economy debt, optimize the debt structure of real economy by expanding the application of loan value ratio in different industries, and control loan default risks by guiding banks to set up debtor's solvency indicators, in order to improve the intrusiveness and effectiveness of financial systemic risk regulation.

Improving financial systemic risk monitoring and regulation based on the real economy debt is just the intermediate step of the financial risk prevention and control. The fundamental way is to reduce the real economy leverage and effectively alleviate the pressure of the real economy growth slowing down. China's real economy leverage (debt/GDP) and debt risk management can be comprehensively promoted forward from the following three perspectives: The first is the molecular strategy. It should specifically reduce the debt and the leverage with low-efficiency output, in which the speed of bank debt-to-equity swap that aims to reduce the corporate sector leverage should not be implemented at a particularly fast pace, but should be proceeded steadily and rationally according to the marketization principle and legalization principle. The second is the denominator strategy. The key is to increase the potential economic growth through the supply-side structural reform. Although a simple stimulus policy can increase the denominator in the short term, will lead to an ultimate increase of the real economic leverage in the long run due a faster growth in molecular. The third is the structure strategy. It is to adjust and optimize the debt fund allocation in defferent industries and fields. De-leveraging and the structural reform are the two sides of a coin. In essence they are to improve the efficiency of resource utilization. Without the adjustment and optimization of the economic structure, the real economy de-leveraging can not be proceeded effectively, only forcefully pushing forward reform and continuously adjusting the structure can we effectively promote the real economy de-leveraging.

An important implication of the result of this book for understanding the relationship between the financial system and the real economy, the relationship between banking serving real economy and preventing financial risks, is that serving the real economy is the primary goal of financial development and risk prevention is the foundation of financial development, and the two should be kept in dynamic balance. Blindly emphasizing on finance system serving real economy and alleviating the pressure of economic downturn through financial expansion, may bring a continuous mismatch of financial resources and lead to a gradual accumulation of financial risks, which is unfavorable for the long-term steady and rapid growth of the real economy and may instead increase the pressure of financial

Abstract

systemic risk prevention. The reason behind is that simple and continuous credit and debt expansion will cause a decline in the resource allocation efficiency. Although it is possible to maintain steady economy growth in the short term, it can lead to the steady accumulation of financial systemic risk in the long term.

This book discusses the financial systemic risk from both financial institution themselves and outside the financial system, moves the systemic risk monitoring, evaluation and regulation forward to the real economy debt, expands the research fields of financial systemic risk and macro-prudential regulation, and helps acadamic recearchers and financial regulators to better understand the relationship between real economy debt and financial systemic risk, the relationship between financial system and real economy. This book presents an explanation framework on how real economy debt changes affecting the financial fragility, will help to promote the expanding and deepening this resecrch field, and help regulators to better understand and grasp the mechanism and the path of real economy debt influencing financial stability. Incorporating the actual situation of China's economic and financial system, this book adjusts and optimizes the parameter setting of band-pass filter and turning-point analysis methods indentifying the debt cycle, and improve the rationality and applicability of the two test methods empirically testing the debt cycle in China.

Key Words: Debt to GDP Ratio; Debt Service Ratio; Debt Cycle (Financial Cycle); Systemic Risk; Macro-prudential Regulation; De-leveraging

目 录

第一章 引言 1

    第一节 研究背景 1

    第二节 文献评述 4

        一、宏观经济理论与债务作用 4

        二、实体经济的债务风险评估 6

        三、金融系统性风险监测监管 7

    第三节 研究思路 10

第二章 我国实体经济债务发展演变、风险与原因 13

    第一节 我国实体经济债务的演变历程 13

        一、实体经济债务规模演变 13

        二、实体经济债务变化趋势 17

        三、实体经济偿债压力演变 20

    第二节 我国实体经济债务的风险特征 22

        一、债务规模：存量债务已越过安全边界 22

        二、债务结构：企业部门和地方政府债务水平过高 23

        三、融资方式：期限错配、低透明度、高成本问题突出 ... 27

        四、偿债压力：经济增速、财政收入和企业盈利下滑加大

            偿还风险 30

第三节　我国实体经济债务的扩张原因 …………………… 31
　　一、经济增长高度依赖投资驱动和负债扩张 …………… 31
　　二、地方政府和国有企业的投资冲动和预算软约束 …… 34
　　三、金融体系的结构不合理和运作低效率 ……………… 37

第三章　实体经济债务影响金融脆弱性的理论机制 …………… 41

第一节　债务收缩：费雪的"债务—通缩理论" ……………… 42
第二节　债务扩张：明斯基的"金融不稳定假说" …………… 45
第三节　债务供给：伯南克等的"金融加速器模型" ………… 50
第四节　债务需求：辜朝明的"资产负债表衰退理论" ……… 55
第五节　债务周期：一个新的综合解释机制 …………………… 58

第四章　实体经济债务周期与金融脆弱性的实证检验 ………… 63

第一节　国内外债务周期实证评析 …………………………… 63
　　一、债务周期理论渊源 …………………………………… 63
　　二、国外主要研究评析 …………………………………… 65
　　三、国内主要研究评析 …………………………………… 67
第二节　中国债务周期的实证设计 …………………………… 69
　　一、研究方法的优化调整 ………………………………… 69
　　二、周期指标的分析选取 ………………………………… 70
　　三、样本数据的量纲处理 ………………………………… 72
第三节　中国债务周期的实证检验 …………………………… 73
　　一、债务周期单个指标实证分析 ………………………… 73
　　二、债务周期合成指标实证分析 ………………………… 78
　　三、单个周期变量的协同性分析 ………………………… 81
第四节　中国债务周期的结果分析 …………………………… 82

第五章　基于实体经济债务的系统性风险监管改进 …………… 87

第一节　现有金融系统性风险监测、监管体系评价 ………… 87
一、危机后的金融系统性风险监管改革框架 ………… 88
二、金融系统性风险监管框架潜在缺陷分析 ………… 90
三、完善金融系统性风险监管框架的必要性 ………… 92

第二节　基于实体经济债务提升风险监测的前瞻性 ………… 93
一、增加实体经济债务规模变化监测 ………………… 93
二、增加实体经济债务结构变化监测 ………………… 94
三、增加实体经济偿债压力变化监测 ………………… 95

第三节　基于实体经济债务完善宏观审慎监管体系 ………… 97
一、基于实体经济债务优化逆周期资本缓冲监管标准 ……… 97
二、通过扩大贷款价值比（LTV）应用优化债务结构 ……… 97
三、设置债务偿付指标来降低银行贷款的违约概率 ……… 99

第六章　实体经济去杠杆与债务风险综合治理框架 ………… 103

第一节　分子策略：针对性地压减低产出效率的债务和杠杆 …… 104
第二节　分母策略：重在通过结构性改革提升经济增长效率 …… 105
第三节　结构策略：调整优化不同行业领域的债务资金配置 …… 107

第七章　评论性结论 ………………………………………… 111

第一节　研究结论 ………………………………………… 111
第二节　研究创新 ………………………………………… 114
第三节　研究展望 ………………………………………… 116

附　录	119
参考文献	129
索　引	145
后　记	147
专家推荐表	151

Contents

1 Introduction ·· 1

   1.1 Research Background ·· 1

   1.2 Literature Reviews ··· 4

       1.2.1 Macroeconomic Theories and the Role of Debt ············ 4

       1.2.2 Risk Assessments of Real Economy Debt ················· 6

       1.2.3 Financial Systemic Risk Monitoring and Regulation ········ 7

   1.3 Research Framework ··· 10

2 Development, Risks and Causes of the Real Economy Debt in China ·· 13

   2.1 Evolution of the Real Economy Debt in China ················· 13

       2.1.1 The Size Evolution of the Real Economy Debt ············ 13

       2.1.2 The Trend Changes of the Real Economy Debt ·········· 17

       2.1.3 The Repayment Pressure Changes of the Real Economy Debt ·· 20

   2.2 Risk Characteristics of the Real Economy Debt in China ··· 22

       2.2.1 Debt Size: Debt Outstanding Has Exceed the Security Boundary ··· 22

2.2.2 Debt Structure: Debt Ratio of the Enterprise and Local Government Sectors Are Too High ……………… 23
  2.2.3 Financing Methods: Maturity Mismatch, Low Transparency, and High Cost Are Prominent ………… 27
  2.2.4 Repayment Pressure: Repayment Risk Increases with the Economic Growth, Fiscal Revenue and Corporate Earnings Declining ……………………………… 30
 2.3 Reasons for the Expansion of the Real Economy Debt in China ……………………………………………………… 31
  2.3.1 Economic Growth Depending on Investment and Debt Expansion ……………………………………………… 31
  2.3.2 Investment Impulse and Soft Budget Constraint of the Local Governments and State-owned Enterprises ……… 34
  2.3.3 Unbalanced Structure and Inefficient Operation of the Financial System ………………………………………… 37

3 Theoretical Mechanisms of Real Economic Debt Affecting Financial Vulnerability ……………………………………………………… 41
 3.1 Debt Contraction: Fisher's "Debt-deflation Theory" …… 42
 3.2 Debt Expansion: Minsky's "Financial Instability Hypothesis" ………………………………………………… 45
 3.3 Debt Supply: Bernanke's "Financial Accelerator Model" …………………………………………………… 50
 3.4 Debt Demand: Koo's "Balance Sheet Recession Theory" ……………………………………………………… 55
 3.5 Debt Cycle: A New Comprehensive Interpretation Framework …………………………………………………… 58

Contents

4 Empirical Test on the Debt Cycle of Real Economy and Financial Vulnerability 63

    4.1 Reviews on the Domestic and Foreign Empirical Researches on Debt Cycle 63

        4.1.1 The Theoretical Origin of Debt Cycle 63

        4.1.2 Comments on the Foreign Major Researches 65

        4.1.3 Comments on the Domestic Major Researches 67

    4.2 The Empirical Test Design of China's Debt Cycle 69

        4.2.1 The Adjustment of the Research Methods 69

        4.2.2 The Selecting of the Debt Cycle Indicators 70

        4.2.3 The Dimensional Processing of the Sample Data 72

    4.3 The Empirical Test on China's Debt Cycle 73

        4.3.1 Empirical Analysis of the Individual Indicators of the Debt Cycle 73

        4.3.2 Empirical Analysis of the Comprehensive Index of the Debt Cycle 78

        4.3.3 Synergy Analysis of the Individual Indicators of the Debt Cycle 81

    4.4 The Analysis of the Empirical Test Results on China's Debt Cycle 82

5 Optimization of Systemic Risk Regulation Based on Real Economy Debt 87

    5.1 Comments on the Existing Financial Systemic Risk Monitoring and Regulation System 87

5.1.1　The Reform Framework of the Financial Systemic Risk Regulation after the 2008 Financial Crisis ………… 88

　　5.1.2　The Potential Defects in the Existing Financial Systemic Risk Regulation Framework ………………… 90

　　5.1.3　The Necessity to Improve the Financial Systemic Risk Regulation Framework ……………………………… 92

5.2　Enhancing the Forward-looking Nature of the Systemic Risk Monitoring Based on Real Economy Debt …………… 93

　　5.2.1　Adding the Monitoring of the Changes in the Size of Real Economy Debt ……………………………… 93

　　5.2.2　Adding the Monitoring of the Changes in the Structure of Real Economy Debt ……………………………… 94

　　5.2.3　Adding the Monitoring of the Changes in the Repayment Pressure of Real Economy Debt ………………… 95

5.3　Improving the Macro-prudential Regulation System Based on Real Economy Debt ……………………………… 97

　　5.3.1　Refining the Counter-cyclical Capital Buffer Regulation Standards Based on Real Economy Debt ………… 97

　　5.3.2　Optimizing the Debt Structure by Expanding the Application Scope of Loan to Value Ratio …………… 97

　　5.3.3　Setting the Debt Solvency Indicator to Reduce the Default Probability of Bank Loans …………………… 99

6　A Comprehensive Framework of Real Economy De-leveraging and Debt Risk Governance ……………………………………… 103

　　6.1　The Molecular Strategy: Reducing Debt and Leverage Rate in Low Output Efficiency Sectors ……………… 104

Contents

   6.2   The Denominator Strategy: Improving Economic Growth Efficiency through Structural Reforms 105

   6.3   The Structural Strategy: Adjusting and Optimizing the Debt Fund Allocation in Different Industries 107

7   Commentary Conclusions 111

   7.1   Research Conclusions 111

   7.2   Innovations in the Research 114

   7.3   Research Outlook 116

Appendixes 119

References 129

Indexes 145

Acknowledgements 147

Recommendations 151

第一章 引言

第一节 研究背景

在整个国民经济中,金融体系属于配置资金的中介部门,实体经济部门(包括企业部门、家庭部门和政府部门)债务规模的扩张对应着金融机构资产规模的增加。金融体系作为供给方,实体经济作为需求方,双方在信贷扩张方面相互促进、同进共退,在风险防控方面相互影响、同枯共荣。系统性金融风险的积累和爆发,从供给方看是由于金融体系信贷过度扩张及其结构失衡,从需求方看则是实体经济债务不断扩张以及错配在金融体系的反映。从时序上看,信贷扩张是从金融体系前流到实体经济,但风险爆发则是从实体经济倒灌到金融体系,大多先是实体经济部门出现债务风险,而后债务风险沿着资金流反馈到金融体系特别是银行业的风险和稳健性上,甚至会引发金融系统性风险和金融危机。因此,系统性金融风险防控的主体虽然是金融机构和监管部门,但系统性金融风险防控的关注点不能只停留在金融机构自身的资产负债表上,而是要前瞻性地关注实体经济部门的债务变化和债务风险(见图1-1)。

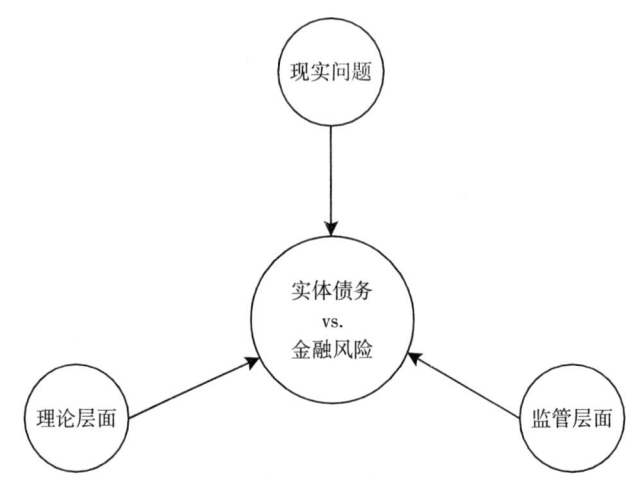

图 1-1　实体经济债务与金融系统性风险关系研究的背景

资料来源：笔者绘制。

在实体经济的债务扩张与系统性金融风险方面，现有研究已取得了大量的实证证据。Kindleberger 和 Aliber（2015）的《疯狂、惊恐和崩溃：金融危机史》（*Manias, Panics and Crashes: A History of Financial Crises*）[①]、Reinhart 和 Rogoff（2009）的《这次不一样：八百年金融危机》（*This Time Is Different: Eight Centuries of Financial Folly*）[②] 中关于金融危机史的研究表明，适当的、逆周期的债务扩张有助于加快经济增长速度和增强经济增长弹性，但是持续过度的信贷和债务扩张会导致实体经济杠杆率的不断升高，通常会引发系统性风险甚至金融危机。在实证证据方面，Mendoza 和 Terrones（2008）对新兴国家和工业国家 40 年信贷扩张的实证研究也发现，大部分金融危机都与实体经济债务扩张紧密相连。国际货币基金组织

[①] Kindleberger 和 Aliber（2015）在该书中明确指出："很可能就是货币和信贷的扩张促成了投机狂潮""将经济引向过热和崩溃的投机主要建立在信贷固有的不稳定性基础之上。"（Kindleberger C. P. and R. I. Aliber, Manias, Panics and Crashes: A History of Financial Crises, New York: John Wiley & Sons, 2015）

[②] Reinhart 和 Rogoff（2009）认为，之所以会出现过度负债，是因为社会大众每次都相信，过去的许多繁荣景象都曾造成灾难性的崩溃，但这次不一样，当前的繁荣是建立在坚实的经济基础、结构改革、技术创新以及良好的政策之上的。（Reinhart C. M. and K. S. Rogoff, *This Time Is Different: Eight Centuries of Financial Folly*, Princeton: Princeton University Press, 2009）

(International Monetary Fund，IMF，2004）对新兴市场国家信贷激增问题的研究表明，信贷激增一般伴随着经济衰退和银行危机；3/4 的信贷激增导致了银行危机，85% 的信贷激增导致了货币危机。国际清算银行（Bank for International Settlements，BIS）的 Drehmann 等（2010）利用近 30 个国家/地区（包括中国）1970~2009 年近 40 年数据，实证分析三大类近十项指标（即 GDP 增长、广义信贷增长、广义信贷/GDP、股票价格、房地产价格等宏观经济金融指标，银行业利润和损失等业绩指标，以及信贷利差等融资成本指标）在历次全球和区域性危机（危机被分为严重、中度和轻度三种程度）中的表现，发现广义信贷/GDP 衡量的实体经济杠杆程度，在判断信贷过快增长和系统性风险累积方面的效果最佳，几乎在所有的金融危机发生之前，都会经历一段信贷高速增长时期。渣打银行（2013）的研究指出，私营非金融部门信贷占 GDP 比重的变化超出一国 10 年趋势增长之上 1.5 个标准，某些情况下还需要该指标在一年中的涨幅超过 10%，或者信贷快速增长持续两年或更长的时间，就可能会发生危机。

近年来，我国实体经济债务持续快速增加，债务偿还压力逐渐显现。截至 2017 年底，我国实体经济部门（包括企业部门、居民部门和政府部门）的负债率（债务余额/GDP）高达 255.7%；企业部门和居民部门的负债率与其趋势之间的偏离度持续保持在 20% 之上，为巴塞尔银行监管委员会（Basel Committee on Banking Suporvision，BCBS，2010b）设定的预警值的 2 倍，企业部门和居民部门的偿债率（债务余额/可支配收入）也处于 20% 左右的高位，潜在风险不可忽视（朱太辉，2018）。与此同时，近年来我国金融体系的潜在系统性风险不断积累，而之前的发展历史表明，我国银行业金融机构不良贷款的波动与信贷扩张、实体经济债务扩张相关性极大。对于实体经济债务与金融系统性风险的关系，我国相关部门分析指出，实体经济的高债务（高杠杆）已成为金融体系脆弱性的总根源（周小川，2017）。因此，如何从实体经济债务角度来更好地监管和化解中国金融体系的系统性风险，已成为一个亟待解决的现实问题和监管难题。

第二节 文献评述

一、宏观经济理论与债务作用

虽然实体经济债务变化与金融系统性风险紧密相关已经成为一个"典型事实",也在金融危机史上被反复证明,但之所以还一而再、再而三地出现,根本原因是主流宏观经济理论大都是建立在瓦尔拉斯或者阿罗—德布鲁一般均衡框架下。这一理论框架假设金融体系运作顺畅,本质上讨论的是物物交易,而非货币化生产。这使得融资活动对资本积累、经济发展的影响,金融体系与实体经济的关系、实体经济债务对金融体系风险状态的影响,没有得到充分理解和应有重视(张晓朴、朱太辉,2014)。

宏观经济学起源于凯恩斯的《就业、利息和货币通论》(以下简称《通论》),但在凯恩斯的《通论》中,金融体系并不是产出波动的决定因素,金融因素(如利率和货币供给)只是投资的一个次要决定因素,而关键因素是"信心状态"(State of Confidence),借款者和贷款者信心的消失会引发经济衰退(Keynes,1936)。从20世纪五六十年代开始,以米尔顿·弗里德曼为首的货币学派领导了"货币主义反革命"。但在货币学派的理论模型中,货币存量的变化成为了解释货币收入的主导因素,如Friedman和Schwartz(1963)关于货币存量与产出之间关系的历史研究为此提供了强有力的支持。但就金融体系与实体经济、实体经济债务与金融体系风险之间的关系而言,Friedman和Schwartz(1963)则是"只见货币,不见债务",也忽视了整个金融体系与实体经济之间的其他互动机制。Modigliani和Miller(1958)提出的"MM定理"认为,公司价值与融资结构无关。企业的融资结构对应着金融体系结构（银行体系与资本市场体系），将这一定理延伸开来，则可自然地得出企业融资结构甚至整个金融体系都不会影响实体经济表现的结论。Kydland 和 Prescott（1982）等创立的真实经济周期理论认为，经济波动的根本原因是技术进步、生产率波动、政府支出等真实冲击，忽略了金融体系、债务变化的影响。值得注意的是，上述经济学家都获得了诺贝尔经济学奖，这在某种程度上也反映出金融体系与实体经济的关系、实体经济债务与金融体系风险的关系并不是主流经济学关注的重点（张晓朴、朱太辉，2014）。

在这样的大背景下，也有一些学者认识到了金融体系对经济运行的重要影响，并在研究上做了一些尝试。Fisher（1933）的"债务—通缩理论"强调过度债务融资在资产价格泡沫破裂和通货紧缩后对经济的影响，分析的是实体经济的债务融资总量、企业与银行的关系对经济波动、金融风险的影响。Minsky（1976，1986）在《通论》的基础上构建了"投资的融资理论"，指出经济不稳定的重要来源不是投资，而是为投资进行的融资，强调了投资者的融资结构对经济波动、金融风险的影响。在此之后，Bernanke、Gertler 和 Gilchrist（1996）构建的金融加速器模型以及 Kiyotaki 和 Moore（1997a）构建的信贷周期模型分析了在银行与企业之间存在信息不对称的情况下，企业净值对贷款可获得性的影响，认为银行贷款和企业债务的放大效应导致了经济周期中的"小冲击，大周期"。此次国际金融危机爆发后，Gertler 和 Kiyotaki（2010，2015）沿着这一思路，将"DD 模型"与金融加速器模型相结合，并引入流动性冲击和银行破产机制，进一步增强了该理论的解释力。此外，日本经济学家辜朝明（Koo，2008）基于日本 20 世纪 90 年代初金融危机之后的经济金融发展实践，在 2008 年国际金融危机爆发后提出了"资产负债表衰退"理论，认为过度负债的企业在经济遭受负面冲击或者政策紧缩后，经营目标会从"利润最大化"转为"债务最小化"，企业主动进行的债务偿还和债务收缩会将经济拖入持续衰退，导致金融风险不断暴露。具有讽刺意味的是，尽管这些经济学家的理论深化了大家对金融体系与经济发展关系、实体经济债务与金融体系风险关系的认识，但无一获得诺贝尔经济学奖（张晓朴、朱太辉，2014）。

此外，在2008年国际金融危机爆发后，国际监管组织和各国金融监管部门也加强了实体经济与金融体系的相互作用研究（BCBS，2012a），但重点关注的却是金融体系状况对宏观经济走势的影响，而在很大程度上忽视了实体经济状况，特别是实体经济的债务状况对金融体系稳定的影响。

二、实体经济的债务风险评估

围绕着中国实体经济的债务状况和潜在风险，当前已有不少研究进行了测算评估。除了政府部门、企业部门、居民部门各自债务情况的研究外，中国社会科学院的李扬等（2012，2015）和刘煜辉（2013），原中国银监会的李文泓和林凯旋（2013），中国人民银行的牛慕鸿和纪敏（2013），中国人民银行杠杆率研究课题组（2014），IMF（2013a），渣打银行（2013），高盛集团（Goldman Sachs，2014）以及海通证券的姜超和周霞（2017）等，对我国实体经济的整体债务水平进行了测算，并将我国债务情况与世界主要国家进行了横向比较。这些研究采用的方法、测算的口径和利用的数据各不相同，所得结论也存在较大差异，但无疑促进了中国实体经济债务变化及其风险研究的发展，也加深了专家学者关于这一问题的认识。

但现有研究大多存在以下三方面的缺陷：一是在测算指标上，现有研究大多测算的是负债率（债务规模/GDP），而忽视了对债务率（债务规模/当年收入）和偿债率（当年还本付息额/当年收入）的测算，使得测算结果难以全面反映实际债务水平和债务风险；二是缺乏实体经济债务演变的历史分析，大多分析了当前的债务水平，而没有厘清债务上涨的主要时期以及背后的主要原因；三是在债务风险的分析上，大多基于债务率水平，较少采用偿债率分析偿债压力和关注债务背后的融资方式,从而难以全面评价中国实体经济债务的可持续性及其背后的潜在风险。

三、金融系统性风险监测监管

当前,金融系统性风险的监测方法和监管政策主要是针对金融体系本身来设计的,难以对实体经济债务与金融系统性风险之间的关系以及如何化解,给出合理充分的解释。其中,系统性风险监测评估的两类代表性方法是:一种是基于金融机构财务状况的监测方法,包括 Acharya(2010)等提出的系统性预期损失值方法(Systemic Expected Shortfall, SES)、Brownlees 和 Engle(2012)提出的系统性风险指标(Systemic Risk, SRISK)等。但是 IMF(2009)在《全球金融稳定报告》中对金融机构资本充足率、资产质量、杠杆率、流动性、盈利能力和股票市场六个方面进行评估后指出,杠杆率是评估系统性风险的有效指标之一,资产回报率具有一定的系统性风险监测效力,而资本充足率和流动性在评估系统性风险方面的能力较弱。另一种是基于金融市场表现的监测方法,如 IMF(2011)在《全球金融稳定报告》中同时认为,高频率的市场指标是在几个月的区间内识别系统性风险的最佳指标,而条件风险价值模型(CoVar)[①] 则是一个能较好预测迫近的系统性风险的市场指标监测模型。

在系统性风险防控和宏观审慎监管方面,此次国际金融危机之后的改革也主要集中在两个方面:一是纵向方面针对银行体系信贷投放的顺周期性,基于"广义信贷/GDP"这一指标的发展变化对所有金融机构征收逆周期资本和动态调整拨备等(BCBS, 2010a, 2010b);二是在横向方面,

---

[①] CoVar 由 Adrian 和 Brunnermeier(2010)提出,是指金融体系的在险价值(Var)在机构处于一定的 Var 水平下和机构处于收益中位数水平下的差额,可用于捕捉整个金融体系与特定金融机构之间的(横截面)尾部依赖性。(Adrian T. and M. Brunnermeier, "CoVar", Federal Reserve Bank of New York Staff Reports, No.348, November 2010)

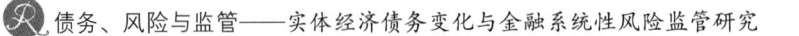

针对"大而不能倒"问题，对国内和全球的系统重要性金融机构征收附加资本（BCBS，2012b，2013）。核心是从金融体系自身出发，根据金融机构的特征和金融体系的信贷投放速度，通过增加资本计提来缓解危机爆发对金融体系的冲击和对实体经济的影响。

但事实上，金融系统性风险是经过多个阶段的发展积累，而后才在金融体系爆发和传染的（Blancher et al.，2013），[①]如图1-2所示。因此，在风险监测上，如果仅仅局限于金融机构的财务数据或者金融市场的指标表现来评估金融系统性风险，那么监测结果的前瞻性和全面性将受到较大限制；在风险监管上，仅仅从金融机构的特征和金融体系的信贷规模来制定实施政策措施，并没有把握风险的根源和触发点，监管的有效性也将受到极大挑战。根据IMF总结提出的良好金融监管五要素：前瞻性、深入性、全面性、适应性和确定性（Viñals和Fiechter，2010），聚焦金融体系本身的系统性风险监测方法和监管措施，一方面缺乏足够的前瞻性和充分的全面性，另一方面深入性和有效性不足，最终可能难以实现预期效果。

[①] IMF的Blancher等（2013）提出了一个结合系统性风险发展阶段的多工具组合监测模型：在系统性风险积聚的第一阶段，一方面通过宏观经济指标监测外部冲击的风险，另一方面通过金融机构财务指标和市场指标监测金融体系本身的系统性风险状况。在系统性风险积聚到了临近金融危机爆发且风险不断传播扩大的第二、第三阶段，一方面利用DSGE宏观经济模型研判反馈机制，对金融危机做出预警并判断金融危机的扩大途径，另一方面利用市场指标压力测试、资产负债表分析（Balance Sheet Analysis）、或有债权分析（Contingent Claim Analysis）等监测风险传导机制。(Blancher N. et al., "Systemic Risk Monitoring（'SysMo'）Toolkit—A User Guide", IMF Working Paper, Vol.138, No.13, July 2013)

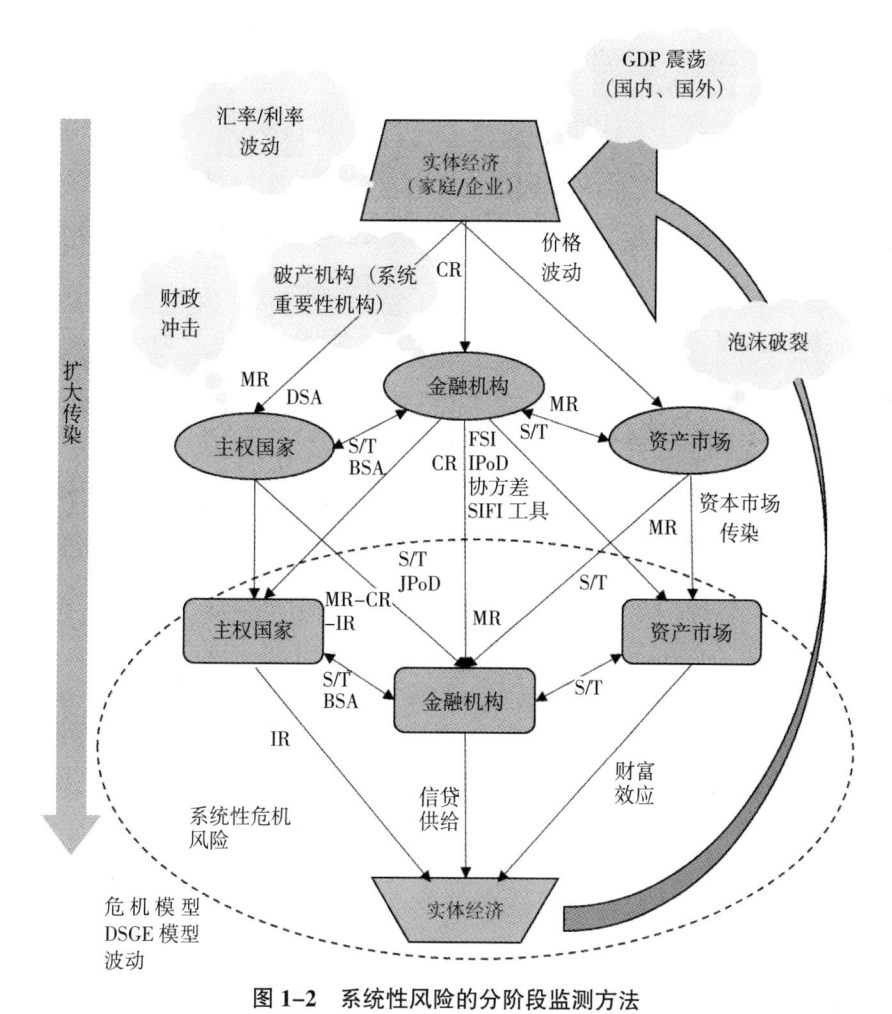

第一章 引言

图 1-2 系统性风险的分阶段监测方法

资料来源：Blancher N. et al., "Systemic Risk Monitoring ('SysMo') Toolkit—A User Cuide", IMF Working Paper, Vol.138, No.13, July 2013.

第三节 研究思路

实体经济的债务对应着金融机构的资产，实体经济部门的债务风险变化在时序上先于金融机构的资产质量变化，因此从实体经济债务视角来监测和防控金融系统性风险，有助于更好地掌握系统性风险的来源和提高监管的前瞻性、有效性。为此，本书将聚焦研究两个逻辑上前后递进的问题：实体经济债务如何影响金融体系的脆弱性，以及如何基于实体经济债务视角改善金融系统性风险监管的前瞻性和有效性。具体研究思路如下：我国实体经济债务的发展、原因与风险分析——实体经济债务影响金融脆弱性的理论机制——实体经济债务影响金融脆弱性的实证检验——基于实体经济债务的系统性风险监管政策——实体经济债务风险的综合治理——研究结论和下一步研究方向（见图1-3）。

具体而言，本书后续章节的内容安排如下：

第二章是我国实体经济债务发展演变、风险与原因。该章是后续理论分析和实证检验的基础，将通过详细的统计分析对我国实体经济债务状况做一个全面的刻画：从债务规模发展、债务增长速度和债务偿还压力三个方面，描述1995年以来我国实体经济债务的四个演变历程；从债务规模、债务结构、融资方式和偿债压力四个维度，分析我国实体经济债务的风险特征；结合我国经济发展方式以及特殊的财政金融体制，探讨我国实体经济债务扩张背后的深层次原因。

第三章是实体经济债务影响金融脆弱性的理论机制。作为本书的一个核心部分，该章将首先通过梳理分析费雪（Fisher，1933）的"债务—通缩理论"，明斯基的"经济波动的投融资理论"和"金融不稳定假说"（Minsky，1976，1993），伯南克等（Bernanke et al.，1996）的"金融加速器

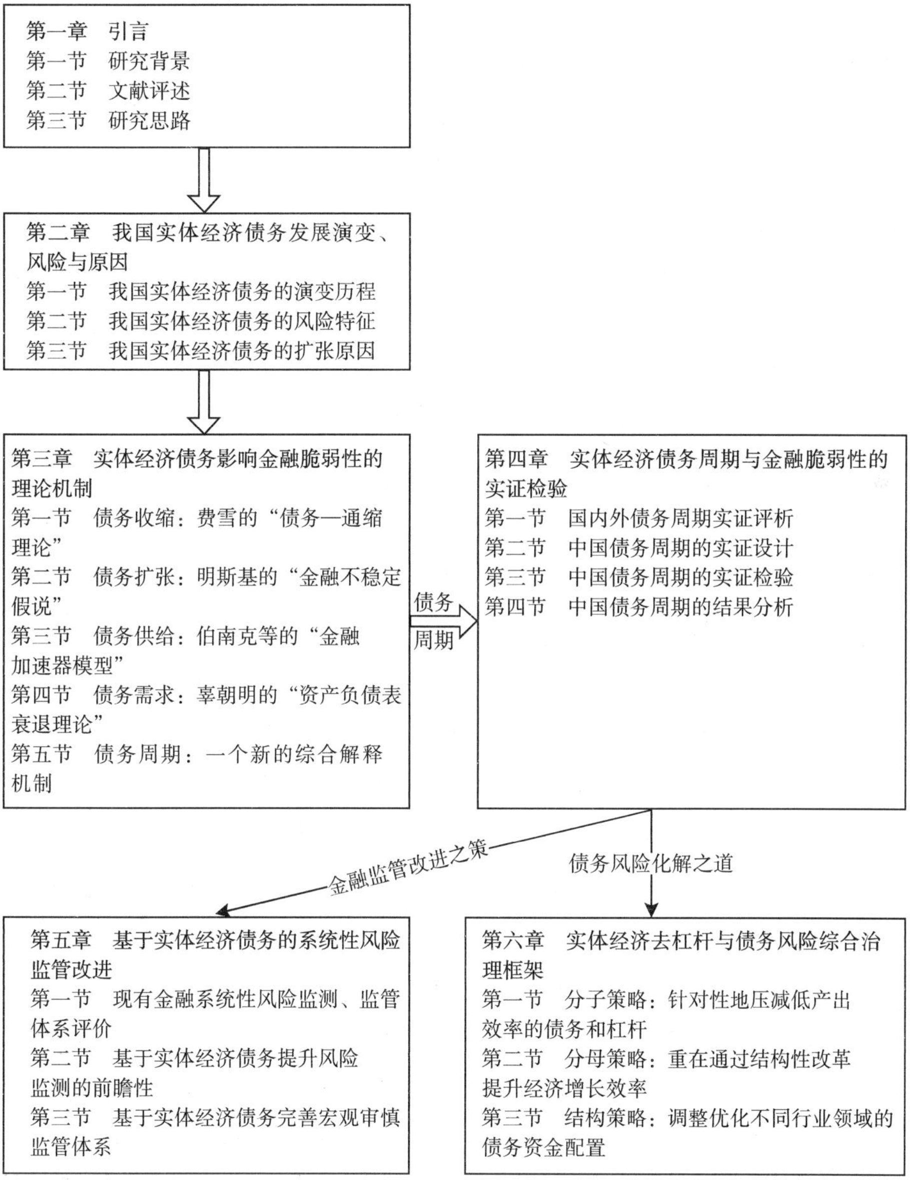

```
┌─────────────────────────────┐
│ 第一章 引言                 │
│ 第一节 研究背景             │
│ 第二节 文献评述             │
│ 第三节 研究思路             │
└─────────────────────────────┘
              ↓
┌─────────────────────────────┐
│ 第二章 我国实体经济债务发展演变、│
│        风险与原因           │
│ 第一节 我国实体经济债务的演变历程 │
│ 第二节 我国实体经济债务的风险特征 │
│ 第三节 我国实体经济债务的扩张原因 │
└─────────────────────────────┘
              ↓
┌───────────────────────────┐       ┌───────────────────────────┐
│ 第三章 实体经济债务影响金融脆弱性 │       │ 第四章 实体经济债务周期与金融脆弱性 │
│        的理论机制         │       │        的实证检验         │
│ 第一节 债务收缩：费雪的"债务—通缩│       │ 第一节 国内外债务周期实证评析 │
│        理论"              │       │ 第二节 中国债务周期的实证设计 │
│ 第二节 债务扩张：明斯基的"金融不稳│ 债务  │ 第三节 中国债务周期的实证检验 │
│        定假说"            │ 周期  │ 第四节 中国债务周期的结果分析 │
│ 第三节 债务供给：伯南克等的"金融 │──────→│                           │
│        加速器模型"        │       │                           │
│ 第四节 债务需求：辜朝明的"资产负债│       │                           │
│        表衰退理论"        │       │                           │
│ 第五节 债务周期：一个新的综合解释│       │                           │
│        机制               │       │                           │
└───────────────────────────┘       └───────────────────────────┘
         ↓ 金融监管改进之策                    ↓ 债务风险化解之道
┌───────────────────────────┐       ┌───────────────────────────┐
│ 第五章 基于实体经济债务的系统性│       │ 第六章 实体经济去杠杆与债务风险综合│
│        风险监管改进       │       │        治理框架           │
│ 第一节 现有金融系统性风险监测、│       │ 第一节 分子策略：针对性地压减低产出│
│        监管体系评价       │       │        效率的债务和杠杆   │
│ 第二节 基于实体经济债务提升风险│       │ 第二节 分母策略：重在通过结构性改革│
│        监测的前瞻性       │       │        提升经济增长效率   │
│ 第三节 基于实体经济债务完善宏观│       │ 第三节 结构策略：调整优化不同行业领域│
│        审慎监管体系       │       │        的债务资金配置     │
└───────────────────────────┘       └───────────────────────────┘
```

图 1-3 本书的研究思路与框架

资料来源：笔者绘制。

模型",清龙信宏等的"信贷周期模型"(Kiyotaki and Moore,1997)及辜朝明的"资产负债表衰退理论"(Koo,2008),分别从债务扩张、债务收缩、债务供给、债务需求四个方面分析实体经济债务影响金融体系脆弱性的机制。在此基础上,构建一个新的债务周期解释框架,综合反映实体经济债务扩张时间、扩张速度、结构分配对金融体系脆弱性的影响。

第四章是实体经济债务周期与金融脆弱性的实证检验。作为本书的另一个核心部分,该章旨在为第三章的债务周期理论机制提供实证证据。为此,该章将在评析国内外债务周期(金融周期)实证研究缺陷的基础上,结合我国经济金融发展独特性,选择债务周期构建指标,优化债务周期识别方法的参数设计,测算近年来我国实体经济债务周期的变化与特征,并分析这些变化和特征背后隐藏的金融系统性风险。

第五章是基于实体经济债务的系统性风险监管改进。该章首先对现有的系统性风险监测监管体系特别是跨时间维度的宏观审慎监管,进行差距分析;进而根据前文的理论分析和实证检验,从实体经济债务的视角,对金融系统性风险监测和宏观审慎监管提出具体的改进措施,以切实提高系统性风险监管的前瞻性、深入性、有效性和全面性。

第六章是实体经济去杠杆与债务风险综合治理框架。从实体经济债务的视角改进金融系统性风险的监测和监管只是风险防控的中间措施,根本之道在于切实降低实体经济负债率(去杠杆)和有效缓解实体经济的偿债压力。实体经济的负债率(杠杆率)=债务规模/GDP,该章将根据前面的理论分析和实证检验结果,从负债率(杠杆率)的分子、分母以及债务结构三个维度,探析实体经济去杠杆的具体路径和债务风险的治理方式。

第七章是评论性结论。该章梳理概括本书研究的创新之处,提出下一步深化研究的方向。

第二章 我国实体经济债务发展演变、风险与原因

本章旨在通过统计分析对我国实体经济的债务状况做一个全面的刻画，将从债务扩张历程、增长趋势和债务偿还压力三个方面描述我国实体经济债务（企业部门、家庭部门和政府部门的债务总额）1995年以来的演变历程，从债务规模、债务结构、融资方式和偿债压力四个维度分析我国实体经济债务的风险特征，进而结合我国经济发展方式以及特殊的财政金融制度，探究我国实体经济债务扩张背后的深层次原因。

第一节 我国实体经济债务的演变历程

一、实体经济债务规模演变

由于一个国家的经济总量始终处于发展变化之中，仅从债务规模的绝对值来分析一个国家实体经济的债务水平缺乏合理性和可比性，一个可选取的方式是计算该国的负债率（即债务总额/GDP，也被称为实体经济杠杆率）。自有数据统计的1995年以来，截至2017年底，我国实体经济债务的演变经历了四个上涨阶段（见图2-1）。

债务、风险与监管——实体经济债务变化与金融系统性风险监管研究

第一个上涨阶段：1996年第一季度末至2000年第一季度末，上涨26.0个百分点

第二个上涨阶段：2002年初至2004年第一季度末，上涨29.5个百分点

第三个上涨阶段：2009年初至2010年第二季度末，上涨41.4个百分点

第四个上涨阶段：2012年初至2016年末，上涨75.9个百分点

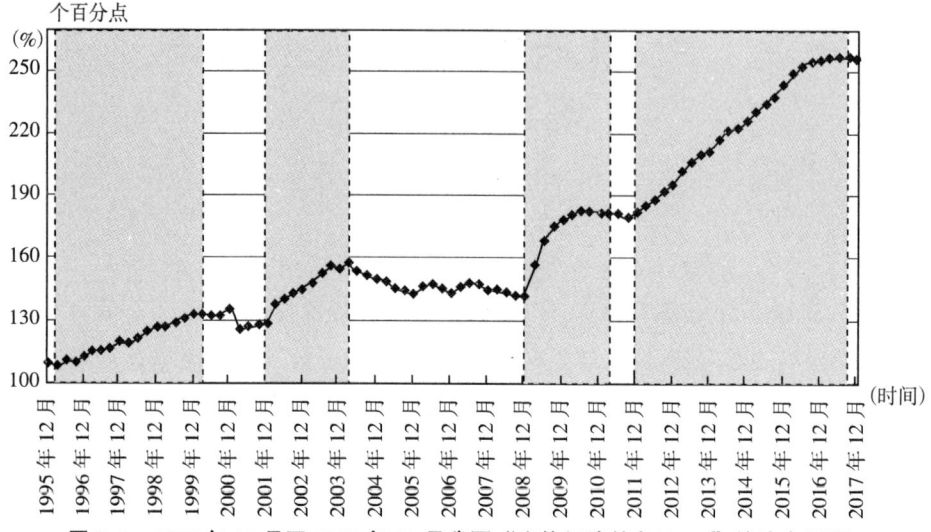

图2-1 1995年12月至2017年12月我国"实体经济债务/GDP"的演变历程
资料来源：BIS，图由笔者绘制。

第一个上涨阶段：1996年第一季度末至2000年第一季度末，共历时4年，我国实体经济负债率从107.4%上涨到133.4%，共上涨26.0个百分点，年均上涨幅度为6.5个百分点。其中，为应对1997年至1998年的东南亚金融危机，我国地方政府债务大幅攀升，债务余额增长率从1997年的24.82%增长到了1998年的48.20%，增加了近1倍（见图2-2）。在此之后的2001年，我国实体经济的负债经历了平缓的调整期，负债率保持在125.1%~128.2%。

第二个上涨阶段：2002年初至2004年第一季度末，共历时2.25年，我国实体经济负债率从128.2%快速上涨到157.7%，共上涨29.5个百分点，年均上涨幅度约为13.1个百分点。在此之后的2004年第二季度至2008年第四季度，得益于我国GDP的快速增长（2004年第二季度至2008年第二季度我国GDP的季度平均增速高达12.1%，见图2-3），我国实体经济的负

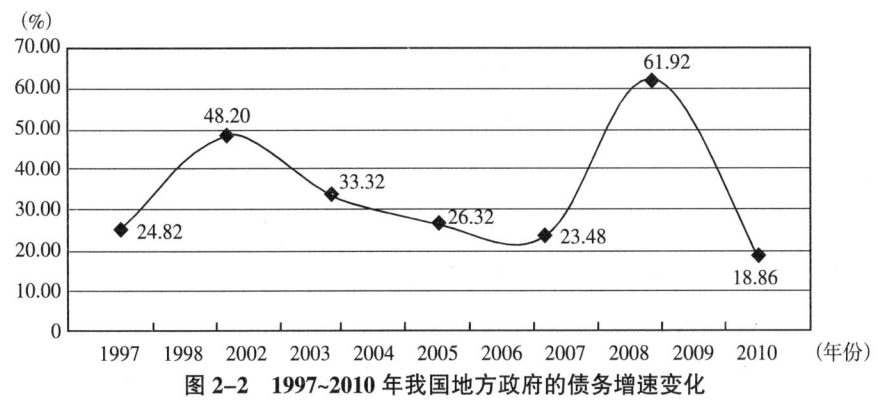

第二章 我国实体经济债务发展演变、风险与原因

图 2-2 1997~2010 年我国地方政府的债务增速变化

资料来源：国家审计署：《全国地方政府债务审计结果》，2011 年第 35 号，2011 年 6 月 27 日。

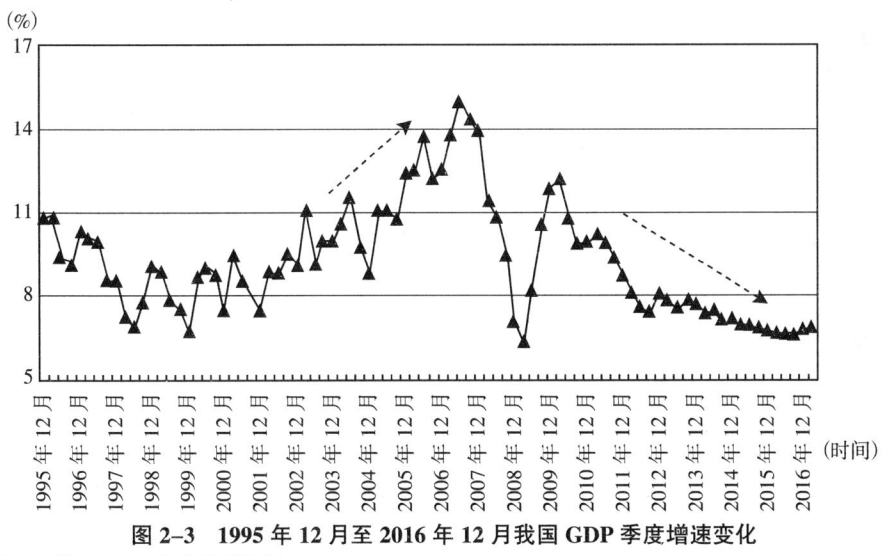

图 2-3 1995 年 12 月至 2016 年 12 月我国 GDP 季度增速变化

资料来源：Wind，图由笔者绘制。

债率经历了长达四年半的下降期，从 157.7%一直下降到 141.3%。

第三个上涨阶段：2009 年初至 2010 年第二季度末，共历时 1.5 年，我国实体经济负债率从 141.3%快速上涨到 182.7%，共上涨 41.4 个百分点，年均上涨幅度为 27.6 个百分点。该上涨阶段较为特殊，2008 年第四季度的 GDP 同比增速从 2007 年的 13.9%迅速跌落至 7.1%，并在 2009 年第一季度进一步下滑到 6.4%。2008 年 9 月国际金融危机爆发，为应对危

· 15 ·

机给我国实体经济造成的巨大冲击,我国将"双稳健"的货币财政政策调整为宽松的货币政策和积极的财政政策,并在2008年底制定了"十大扩内需稳增长政策"(涉及约4万亿元财政投资),在2009年上半年出台了《十大产业调整振兴规划》。随着刺激政策和产业规划的实施,我国GDP增速快速企稳回升,但银行贷款和地方政府债务也因此快速增长(见图2-2和图2-4)。此后的2010年下半年和2011年,随着经济恢复平稳较快增长,宏观政策相继收紧,特别是对地方政府融资平台贷款的规范和对产能过剩行业贷款的收紧,我国实体经济的负债率随之稳中趋降,从2010年第二季度末的182.7%下降到2011年末的181.1%。

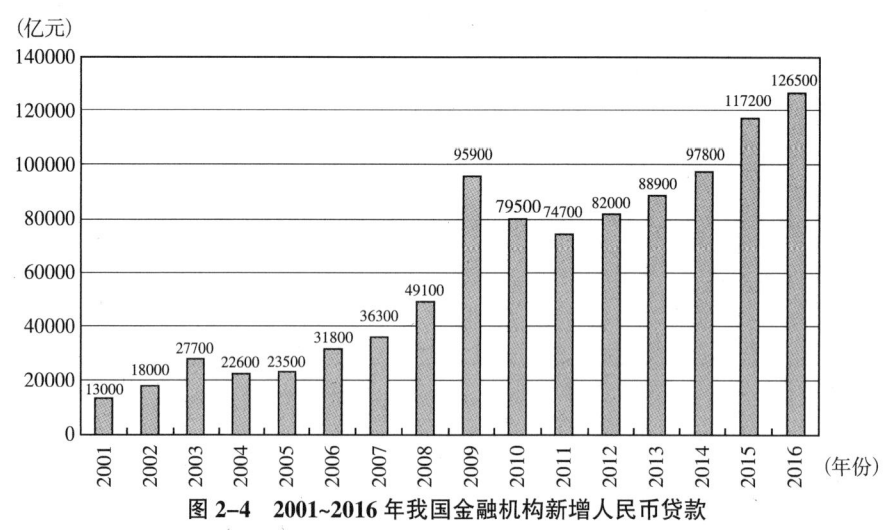

图2-4 2001~2016年我国金融机构新增人民币贷款

资料来源:Wind,图由笔者绘制。

第四个上涨阶段:2012年初至2016年末,历时5年,我国实体经济负债率从181.1%持续上涨到2016年末的257%(2017年第一季度末进一步上升到257.8%),共上涨75.9个百分点,年均上涨幅度约为15.2个百分点。在四个上涨阶段中,这次实体经济负债率上涨的持续时间最长,上涨幅度最大。从负债率的指标结构来看,这一阶段的负债率持续上涨既有分子的增加,也有分母的减少。在分子因素方面,我国实体经济的信贷和其他债务融资规模持续高位增长，2012年至2016年实体经济的年均债务融资规模约为16万亿元（见图2-4和图2-5）；在分母因素方面，近年来我国经济发展进入新常态，经济下行压力持续加大，GDP季度同比增速从2011年第四季度的8.8%不断下滑至2016年第四季度的6.8%，GDP增速年均下滑0.4个百分点（见图2-3）。

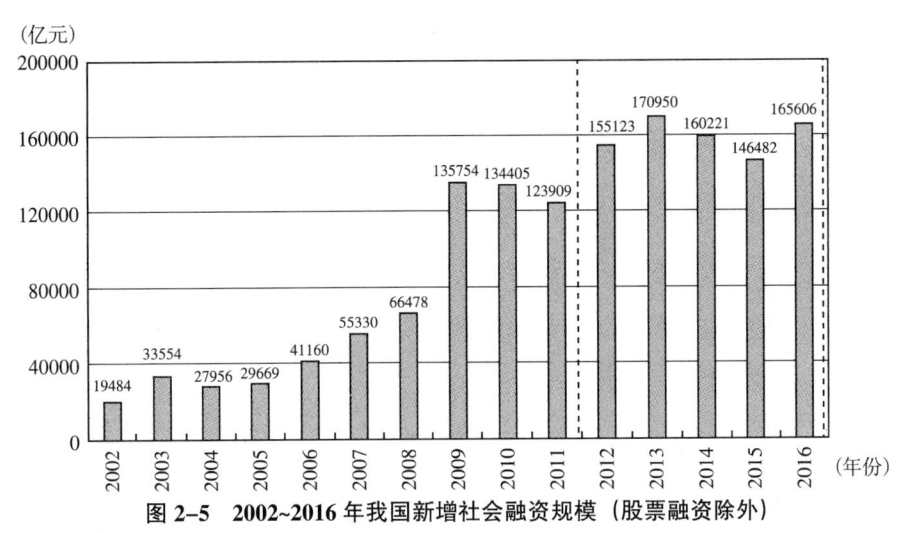

图2-5　2002~2016年我国新增社会融资规模（股票融资除外）

资料来源：Wind，图由笔者绘制。

二、实体经济债务变化趋势

全面掌握一国实体经济的债务状况，除了关注债务规模外，还需要分析债务扩张速度和演变趋势。这可以通过分析实体经济负债率的变化趋势以及负债率的偏离度来实现。参考"广义信贷/GDP偏离度"（Credit-to-GDP Gap）的定义（Drehmann，Borio and Tsatsaronis，2011），实体经济负债率偏离度可以被定义为实体经济负债率偏离其长期趋势值的程度。当前，只有私营部门（企业部门和家庭部门）负债率偏离度的统计数据，缺乏整个实体经济（企业部门、家庭部门和政府部门）负债率偏离度的统计数据。从演变历程和变化趋势来看，我国私营部门负债率的变化与整个实体经济负债率的变化具有较大的相似性（见图2-1和图2-6），为此，下文将从我国私营部门负债率偏离度来大致分析实体经济负债率的变化趋势。

从私营部门负债率趋势值[①]来看，与私营部门的实际负债率不同，我国私营部门负债率趋势值自1995年底以来，基本上是在持续上升。这表明，自1995年底以来，我国私营部门的负债率一直处于上升态势（见图2-6）。分时段来看，自2009年初开始，私营部门负债率趋势值的上升速度加快。其中，在2009年初至2010年第二季度末的实体经济上涨第三阶段，私营部门负债率趋势值增加了7.4个百分点，年均增长约4.93个百分点；在2012年初至2016年末的实体经济债务上涨第四阶段，私营部门负债率趋势值增加了44.8个百分点，年均增长8.96个百分点。

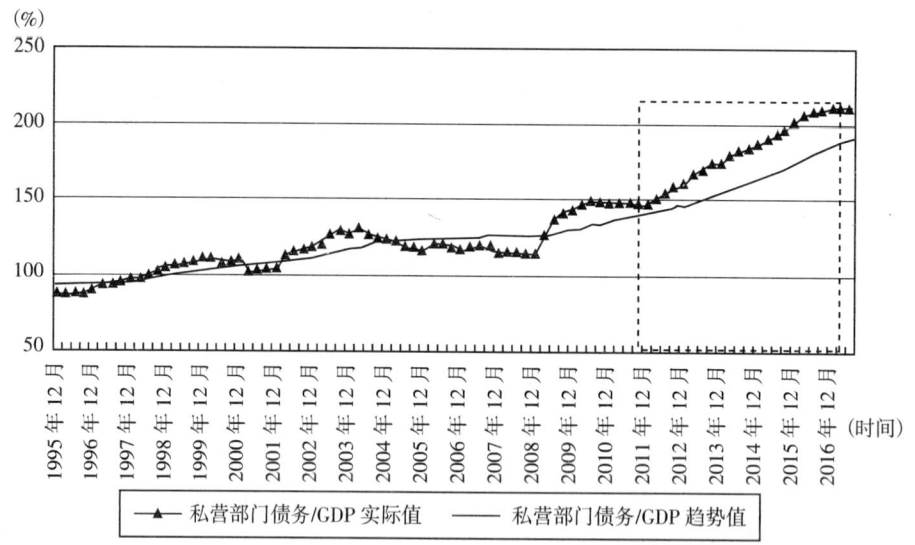

图2-6 1995年12月至2016年12月我国实体经济的"私营部门债务/GDP"变化趋势
资料来源：BIS，图由笔者绘制。

---

① 负债率趋势值采用HP滤波法，根据负债率实际值计算得出。

在负债率偏离度方面，巴塞尔银行监管委员会在2008年国际金融危机后的逆周期资本监管改革中，为私营部门负债率（具体为"广义信贷/GDP"）设定了10%的预警值（BCBS，2010）。在实体经济债务上涨第二阶段的2002年初至2004年第一季度末，我国私营部门负债率偏离度曾短暂地超过10%。在实体经济债务上涨第三阶段的2009年初至2010年第二季度末，我国私营部门负债率偏离度均在10%之上，但在此后的2011年回到5%~10%的安全区间。在实体经济债务上涨第四阶段的2012年第一季度至2016年第四季度，我国私营部门负债率偏离度再次不断扩大，从2012年初的6.3%不断上升到2016年3月的28.8%，此后虽有下降，但仍在20%以上，超过了预警值的两倍（见图2-7）。

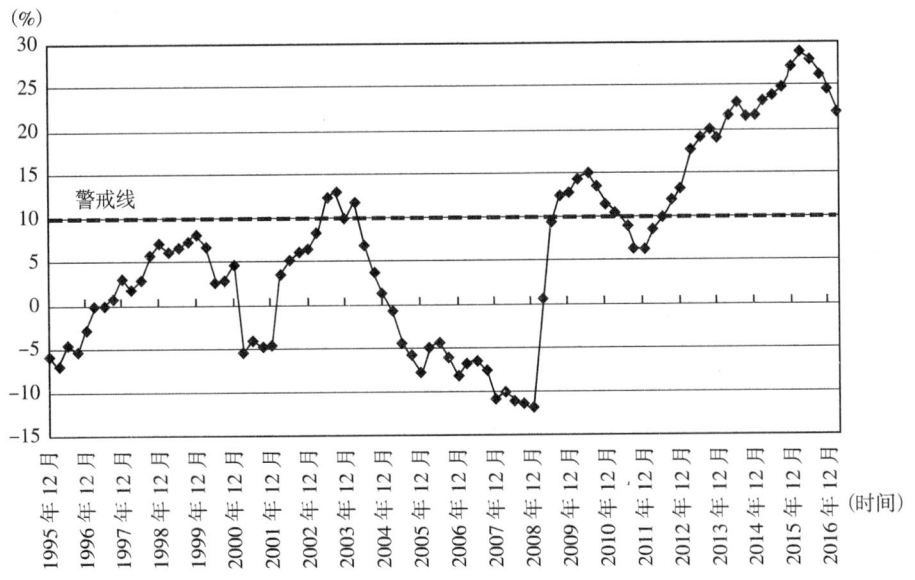

图2-7 1995年12月至2016年12月我国实体经济的"私营部门债务/GDP"的偏离度
资料来源：BIS，图由笔者绘制。

三、实体经济偿债压力演变

除负债率及其偏离度之外,分析债务状况还应关注偿债率,这一指标直接反映了一国的债务偿还压力。偿债率也称债务偿还比率(Debt Service Ratio, DSR),是指某一时期经济主体债务本息偿还支出与其收入的比率,早在2003年曾被美联储用于分析分期偿还贷款的偿付风险(Dynan, Johnson and Pence, 2003)。具体而言,偿债率(DSR)可以通过以下公式来计算:

$$DSR_t = \frac{i_t}{1-(1+i_t)^{-S_t}} \times \frac{D_t}{Y_t} \qquad (2-1)$$

式中,D_t 为 t 时期的债务余额;Y_t 为 t 时期可用于偿还债务的收入;i_t 为 t 时期债务余额的利率;S_t 为 t 时期债务余额的存续期限。

从我国私营部门偿债率的变化趋势看,2008年末是一个分界点:在1999年初至2008年末的十年间,私营部门偿债率保持在11%~14%波动;从2009年初开始,我国私营部门偿债率持续上升,从2009年初的11.7%一直上升到了2016年末的20.1%(见图2-8)。这表明,我国实体经济进入债务快速上涨的第三个和第四个阶段,私营部门的债务偿还压力在不断增大。其中的主要原因,一方面是我国实体经济私营部门负债率特别是企业部门负债率的持续上涨(见图2-6),另一方面是我国实体经济私营部门特别是企业部门的盈利能力自2010年开始持续下降,其中工业企业的主营业务收入同比增速自2011年开始下滑到了20%以下,2015年至2016年更是跌落至5%以下(见图2-9)。

图 2-8　1999 年 3 月至 2017 年 3 月我国实体经济私营部门的偿债率变化

资料来源：BIS，图由笔者绘制。

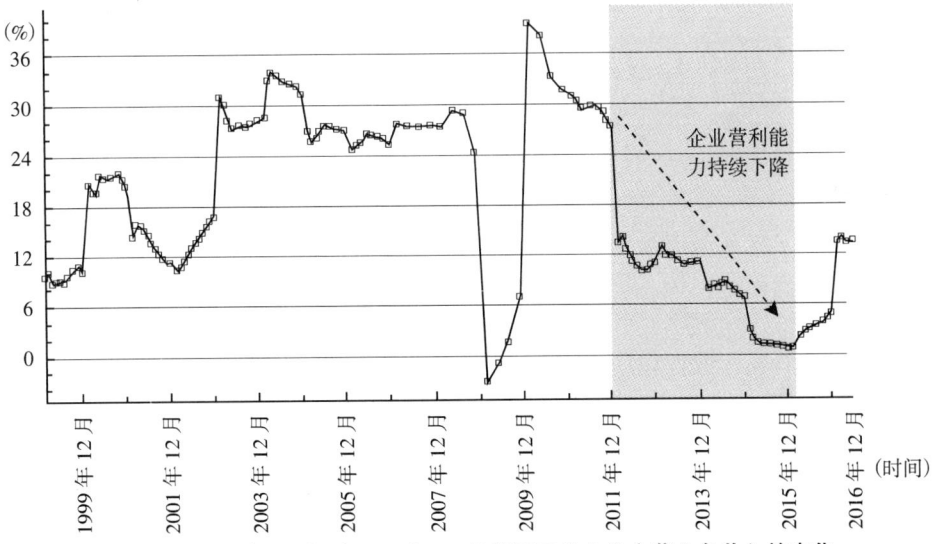

图 2-9　1999 年 12 月至 2016 年 12 月我国工业企业主营业务收入的变化

资料来源：Wind，图由笔者绘制。

第二节　我国实体经济债务的风险特征

对债务风险的分析，既要考虑债务规模，也要考虑债务结构；既要考虑融资方式，也要分析偿债压力。本节将从这四个方面，综合分析我国实体经济债务的风险特征（见图2-10）。

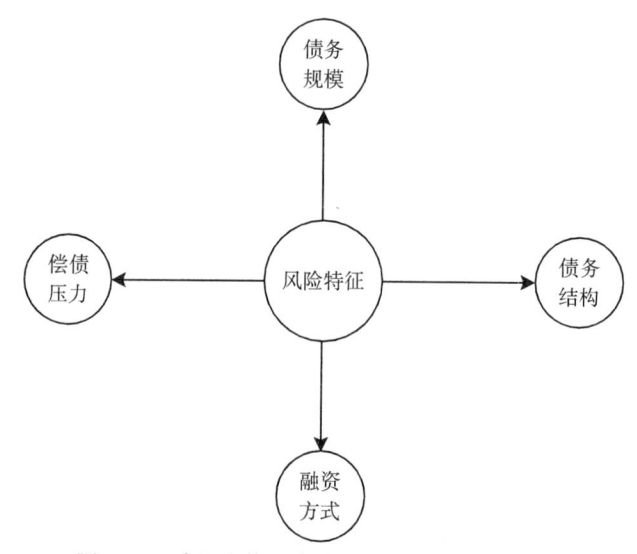

图2-10　我国实体经济债务风险特征的分析框架
资料来源：笔者绘制。

一、债务规模：存量债务已越过安全边界

不论是在规模上，还是在增速上，中国实体经济的债务风险都已经超过基于主要国家历史经验得出的安全边界。在债务规模增速与债务风险的关系上，有研究基于历史案例的统计分析提出了"5-30经验规则"，即大

型经济体在金融危机爆发前,其债务规模占GDP的比例通常会在5年内大幅上升30个百分点(张智威和陈家瑶,2013)。日本在20世纪80年代末的金融危机、美国和欧盟的2008年金融危机都印证了这一经验规则。对于中国2007年底至2014年第二季度末的这6年半时间,早前BIS的测算表明中国的负债率上升了约76.0个百分点(Hannoun,2014),麦肯锡的测算表明我国的负债率上升了83个百分点(MGI,2015),平均而言是国际上债务增长引发金融危机的"5-30经验规则"的两倍。

当前中国实体经济负债率的增速尚未出现明显减缓,如果后续不能采取有效的去杠杆措施,债务增长趋势继续延续下去,实体经济债务对金融体系的脆弱性的影响将会进一步放大。早在2014年6月,BIS的测算结果表明,中国广义信贷/GDP偏离趋势值的正缺口为23.6%,远远超出了该指标10%的预警值,在全球主要经济体中最高(BIS,2014)。需要指出的是,由于各个国家的经济发展阶段、金融体系结构以及经济制度环境等存在差异,并不能简单地将中国实体经济的负债率与其他经济体进行横向比较来得出中国实体经济的债务风险水平。但广义信贷/GDP及其趋势值的测算是基于经济体历史数据纵向比较得出的,因此中国广义信贷/GDP及其趋势值的偏离度对于认识其中的债务风险还具有较强的借鉴启示意义。

二、债务结构:企业部门和地方政府债务水平过高

分析我国实体经济部门的债务结构可以发现,对我国金融体系影响最大的是金融机构和非金融企业(见图2-11)。

在企业部门,截至2014年第二季度,BIS测算的负债率为153%(Hannoun,2014),麦肯锡的测算结果是125%(MGI,2015),存在一定的差异;但在2007~2014年的增幅上,两者的测算结果非常接近,都超过了54个百分点。截至2016年末,我国企业部门的负债率高达166.4%,较2009年初增长了70个百分点,是我国实体经济负债率增长的最大贡献

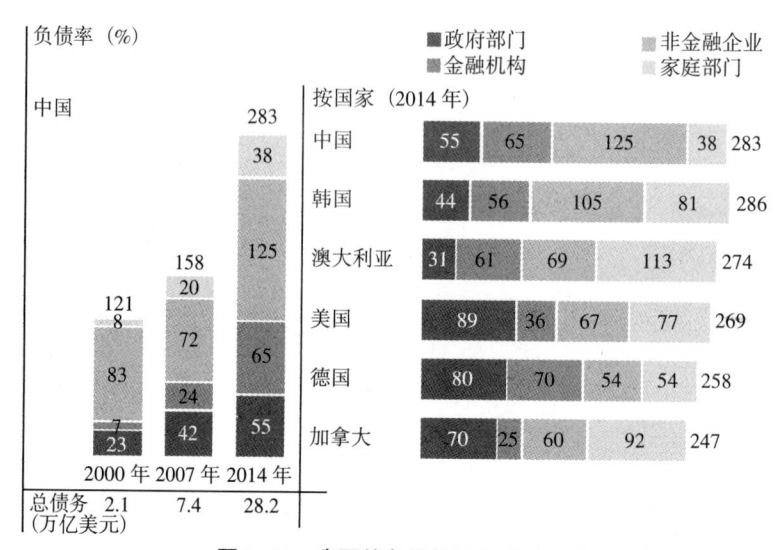

图 2-11 我国债务结构及与发达国家的比较

资料来源：MGI（2015）。

者。IMF 和 BIS 在 2018 年国际金融危机之后对金融体系与实体经济的反思研究指出，在私营部门（企业部门和家庭部门）负债率超过 100% 之前，私营部门的债务扩张有助于实体经济增长，而越过该点后的债务扩张会拖累经济增长（Arcand, Berkes and Panizza, 2012; Cecchetti, Mohanty and Zampolli, 2011; Cecchetti and Kharroubi, 2012）。根据 BIS 在 2014 年的测算结果，我国企业部门和家庭部门的负债率为 188%（Hannoun, 2014），早已超过了 100% 的良性增长阈值。横向比较可以发现，不论是采用 IMF、BIS 还是麦肯锡的测算结果，我国企业部门的负债率不仅在发展中国家中高居前列，而且高于很多发达国家（见图 2-12）。陆婷和余永定（2015）的研究更是表明，中国企业对债务融资的高度依赖以及居高不下的融资成本，使得中国企业的债务风险不断加剧。

需要注意的是，我国的企业部门债务问题比较严重，并不局限于房地产行业（房地产及其相关贷款占总贷款的 40% 左右），还有产能过剩行业和国有企业（陈卫东和熊启跃，2017；黄剑辉和李鑫，2018；朱太辉等，2018）。笔者利用上市企业数据进行的测算表明，从 2007 年底到 2014 年底，我国非

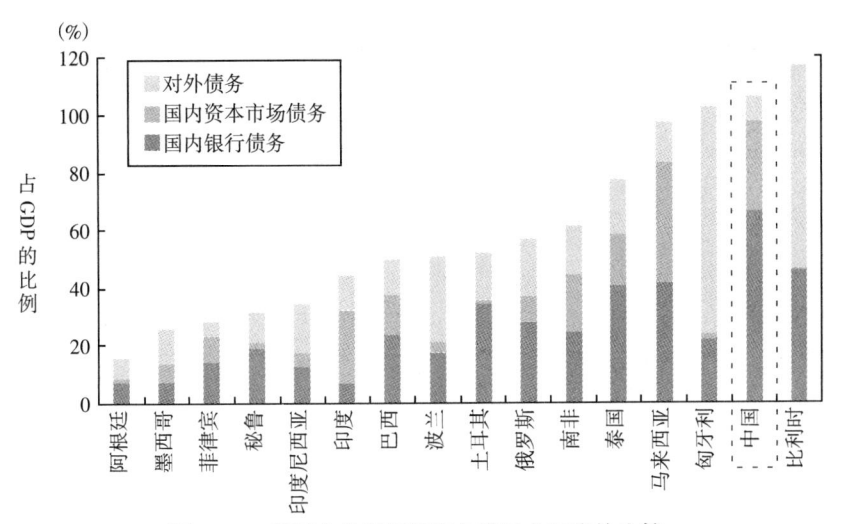

第二章 我国实体经济债务发展演变、风险与原因

图 2-12 我国企业部门债务与发展中国家的比较

资料来源：IMF（2014）。

金融上市企业的平均资产负债率上升了约 10 个百分点，其中房地产、有色金属、钢铁、交通运输等行业的上升幅度较大。与此同时，国有上市企业 2015 年第三季度末的资产负债率也较 2007 年末出现了明显的结构性变化，50%、60%、70%、80%、90% 和 95% 这些高分位点企业的资产负债率较 2007 年末分别提升了约 0.3 个、2.4 个、3.3 个、3.8 个、3.2 个和 1.3 个百分点，而 10%、20%、30% 和 40% 这些低分位点企业的资产负债率分别下降了 3.6 个、3.0 个、1.2 个和 0.3 个百分点。与此相反，民营企业的资产负债率较 2007 年末出现了全面下降，同时资产负债水平低于国有企业，且差距呈加大趋势（见图 2-13）。截至 2017 年 3 月末，国有企业资产总额同比增长 10.6%，而负债同比增长 10.8%，所有者权益同比增长 10.1%，国有企业的负债率仍有所上升（杨凯生，2017）。Liu 和 Zhou（2009）的测算结果也表明，我国国有企业的债务/权益比超过了 230%，负债率远高于民营企业。

我国政府部门表面上看负债率还没有超过国际上 60% 的警戒线，但若充分考虑地方政府背后承担的隐性债务，则地方政府的实际债务规模要大得多。根据国家审计署 2013 年 12 月发布的全国政府性债务审计结果，截

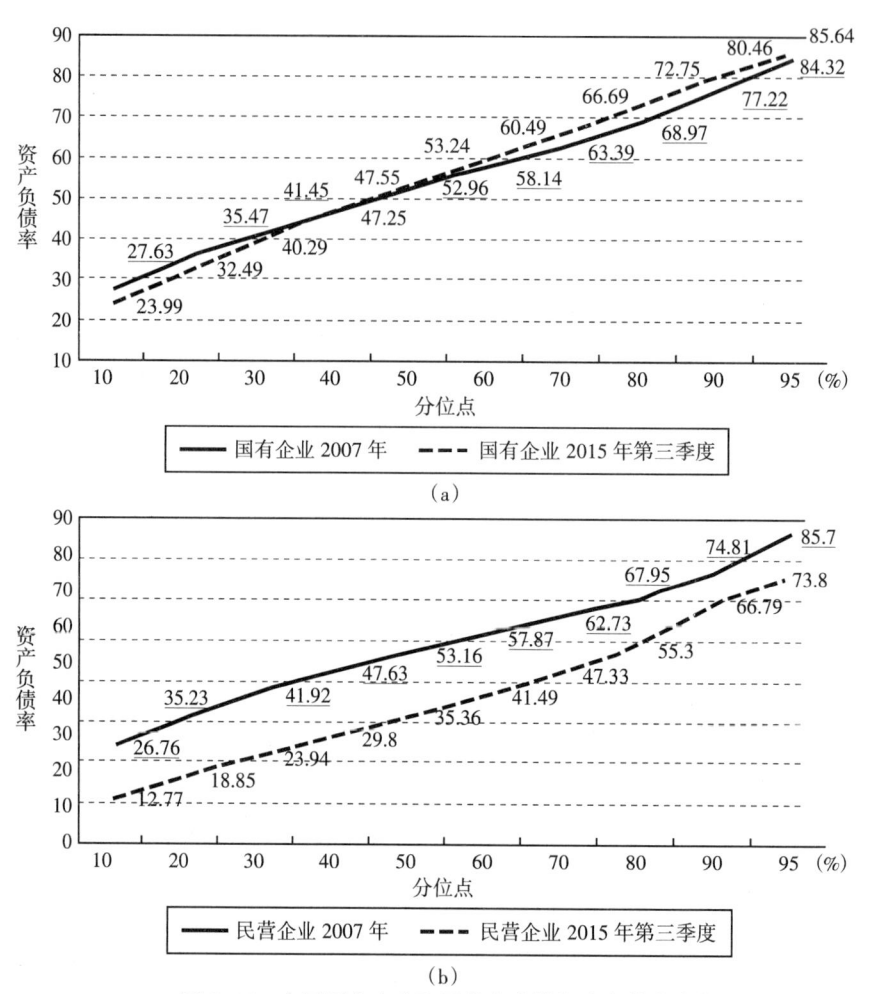

债务、风险与监管——实体经济债务变化与金融系统性风险监管研究

图 2-13 中国国有企业和民营企业的资产负债率变化

注：(a) 中下划线表示为 2015 年第三季度数据；(b) 中下划线表示为 2007 年数据。
资料来源：陈卫东、熊启跃：《我国非金融企业杠杆率的国际比较与对策建议》，《国际金融研究》2017 年第 2 期。

至 2013 年 6 月末，全国包含隐性债务在内的全口径政府性债务为 30.27 万亿元，其中中央政府性债务合计 12.38 万亿元，占比 40.9%，较 2012 年末增长 4.19%；地方政府性债务合计 17.89 万亿元，占比 59.1%，较 2012 年末增长 12.62%（国家审计署，2013）。

在地方政府中，各省市之间也存在较大差异，结构性风险不可忽视。

例如，在负有偿还责任的债务方面，贵州省的负债率为67.46%，远高于其他省份，是全国平均水平的3倍多；北京市的债务率远高于其他省份，已经接近100%，而全国平均水平为60.02%（魏加宁等，2014）。根据银监会的平台贷款统计，2013年6月末银行平台贷款余额为9.7万亿元，2014年底为10万亿元，增速为3.1%。若以此增速作为全口径地方政府性债务的增速，则2014年底我国全口径地方政府债务约为18.44万亿元。

国泰君安证券2017年以"城投平台有息负债余额+地方政府债余额"衡量各省份的广义融资债务负担，并以"（城投平台有息负债余额+地方债存量）/GDP"和"（城投平台平台有息负债余额+地方债存量）/广义综合财力"来衡量各省债务率和偿债风险，对我国地方政府的债务风险进行了评估。评估发现：从各省"城投有息债务余额+地方债存量"反映的广义融资余额看，江苏、四川、浙江、山东、天津五省市的绝对规模排名前列，分别达3.28万亿元、1.77万亿元、1.63万亿元、1.54万亿元和1.35万亿元；从各省"（城投平台有息债务余额+地方债存量）/GDP"反映的广义地方负债率和偿债风险看，贵州、天津、重庆、云南和青海排名居于前列，主要以西南地区为主，占比分别达78%、76%、70%、69%和65%，已高于地方负债率60%的警戒线，融资攀升风险值得关注；从"（城投平台有息债务余额+地方债存量）/各省综合财力"看，天津、黑龙江、甘肃、湖北、陕西占比最高，分别达到281%、268%、191%、191%和190%，这五个省市中城投平台有息债务率分别达229%、99%、72%、113%和110%，是主要贡献力量（覃汉等，2017）。

三、融资方式：期限错配、低透明度、高成本问题突出

近年来，与我国实体经济债务快速增长相伴而行的是高成本、短期限的非银行信贷和影子银行快速增长。根据中国社会科学院李杨等（2015）

的测算，从2008年至2013年，尽管我国实体经济部门的贷款平均期限有所拉长，但政府债券、企业债券、票据等融资工具的平均期限在明显缩短，所有债务融资工具的平均期限从2.68年下降到了2.39年（李扬等，2015）。在企业部门，主要反映企业部门债务融资的新增社会融资规模近年来快速增长，但其中成本相对较低、期限相对较长的银行信贷占比不断走低。人民币贷款占比从2008年的70.3%下降到了2013年的51.4%的最低值（见图2-14），企业债券占比仅从7.9%增长到10.5%，而成本相对较高、期限相对较短的委托贷款从6.1%增长到14.7%、信托贷款从4.5%增长到10.6%。这种融资结构变化既增加了企业部门负债的成本，又增加了企业部门债务偿还的流动性风险。

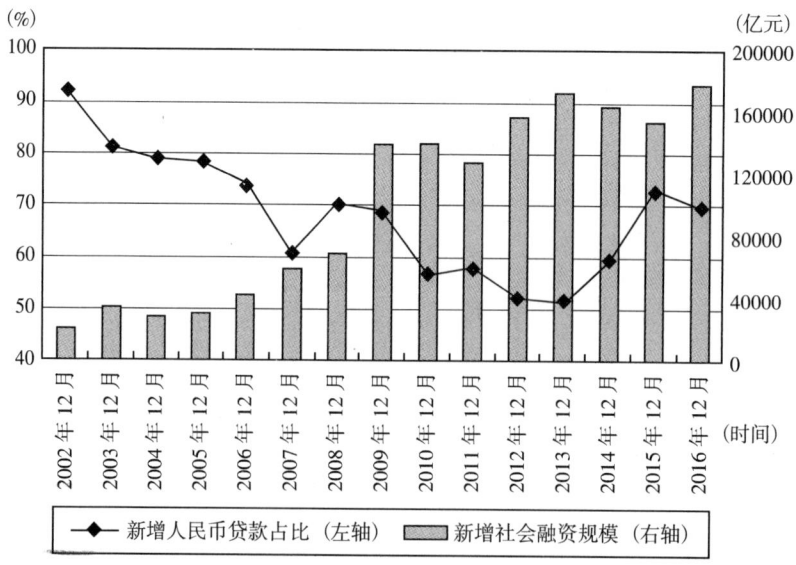

图2-14 2002年12月至2016年12月我国社会融资规模及新增贷款占比变化
资料来源：Wind，图由笔者绘制。

在政府部门，随着房地产和地方政府融资平台调控政策的不断收紧，地方政府的融资渠道透明度越来越低，融资成本不断上升。根据国家审计署2013年12月的审计结果，截至2013年6月，地方政府的融资来源中，银行贷款占比从 2010 年的 74.84%下降到了 50.76%，降幅达 24 个百分点，债券融资仅提高了 3.26 个百分点，而隐蔽性强、不易监管、成本较高的 BT 和信托融资增长较快，具有影子银行特征的融资渠道的债务占比高达 16%左右（见表 2-1）。交通银行 2015 年的测算表明，2013 年地方政府性债务中银行信贷之外的融资增速非常快，已占新增融资的 40%以上，这种融资结构的变化将导致地方政府融资平台的融资成本提高 30%以上（连平，2015）。在债务规模高企并仍在增长的背景下，融资结构的复杂化、隐蔽化、短期化和高成本化，不仅加大了个体风险、局部风险演化为系

表 2-1 2013 年 6 月底地方政府性债务资金来源情况

单位：亿元

债权人类别	政府负有偿还责任的债务	政府或有债务	
		政府负有担保责任的债务	政府可能承担一定救助责任的债务
银行贷款	55252.45	19085.18	26849.76
BT	12146.30	465.05	2152.16
发行债券	11658.67	1673.58	5124.66
其中：地方政府债券	6146.28	489.74	0.00
企业债券	4590.09	808.62	3428.66
中期票据	575.44	344.82	1019.88
短期融资券	123.53	9.13	222.64
应付未付款项	7781.90	90.98	701.89
信托融资	7620.33	2527.33	4104.67
其他单位和个人借款	6679.41	552.79	1159.39
垫资施工、延期付款	3269.21	12.71	476.67
证券、保险业和其他金融机构融资	2000.29	309.93	1055.91
国债、外债等财政转贷	1326.21	1707.52	0.00
融资租赁	751.17	193.05	1374.72
集资	373.23	37.65	393.89
合计	108859.17	26655.77	43393.72

资料来源：国家审计署：《全国政府性债务审计结果》，2013 年第 32 号审计结果公告，2013 年 12 月 30 日。

统性风险的可能性，而且增加了风险处置的难度，放大了风险的潜在影响。

与此同时，商业银行资产负债的期限错配也在加大，潜在的流动性风险不可忽视。在资产方，近年来贷款长期化趋势不断上升，新增贷款以长期贷款为主，5年以上贷款在贷款总额中的占比提高；而在负债方，同业负债快速增长，商业银行对同业负债的依存度不断上升，净稳定资金占比下降较快。

四、偿债压力：经济增速、财政收入和企业盈利下滑加大偿还风险

债务风险分析不能只是关注负债率（债务/GDP），还需要看债务率（债务/收入）、偿债率（债务偿还/收入）和逾期率。

其一，尽管我国储蓄率仍然高达50%左右，但财政收入和企业盈利的增长高度依赖经济规模的扩张，经济增速的下降将会导致企业部门和政府部门的债务率和偿债率快速上升，债务风险加快暴露。例如，2014年，我国GDP增速为7.4%，较2013年下降了0.3个百分点；但政府公共财政收入增速从10.2%下降到了8.6%，降幅达1.6个百分点，超过了GDP增速降幅的5倍；全国规模以上工业企业主营业务收入从11.2%下降到了7.9%，降幅达3.3个百分点，是GDP增速降幅的11倍。早在2014年，BIS的测算表明，中国私营部门的偿债率（DSR）高达9.4%，远高于6%的预警值，在全球主要经济体中最高（BIS，2014）。到2016年末，我国私营部门的偿债率已超过20%，为2014年BIS测算结果的两倍多，同时考虑到近年来我国经济增长的下行压力和企业经营情况的恶化，面临的偿债压力增长幅度应该远不止两倍。

其二，地方政府的债务偿还对土地出让收入的依赖非常大，经济增速的下降和房地产市场的大幅调整除了影响地方政府的财政收入外，还会通过土地出让收入的减少进一步影响地方政府的债务率和偿债率，两者的同

步变化可能会引发地方政府性债务的系统性风险。

其三，政府债务对应的资产价值具有较大的不确定性，资产出售对应的债务偿还能力有限。与国外政府部门相比，我国的地方政府债务资金大多投向了基础设施建设，有一定的投资回报，但由于其中大多属于固定资产，流动性较差，变现能力有限（魏加宁等，2014），且在经济形势恶化时这些资产的价值还会大幅缩水。

其四，从风险暴露指标——逾期债务率来看，债务风险已经有所显现。2012年底全国政府负有偿还责任的债务、负有担保责任的债务、可能承担一定救助责任的债务的逾期债务率分别为5.38%、1.61%和1.97%，还处于较低水平，但截至2013年6月地方政府的逾期债务达1.15万亿元，在地方政府负有偿还责任债务中的占比高达10.56%（国家审计署，2013），债务风险形势并不乐观。

第三节　我国实体经济债务的扩张原因

与美欧等发达国家政府部门的高福利支出、居民部门的超前消费导致的实体经济债务持续攀升不同，我国实体经济债务持续增加和潜在风险不断加大则是投资主导的粗放经济发展方式、预算软约束的地方政府和国有企业、结构不合理和效率低下的金融体系"三角循环"共同作用的结果（见图2-15）。

一、经济增长高度依赖投资驱动和负债扩张

长期以来，我国经济增长方式主要依靠投资驱动，投资增速、资本形成总额对GDP增长的贡献率、GDP增速之间具有高度相关性（见图2-16）。

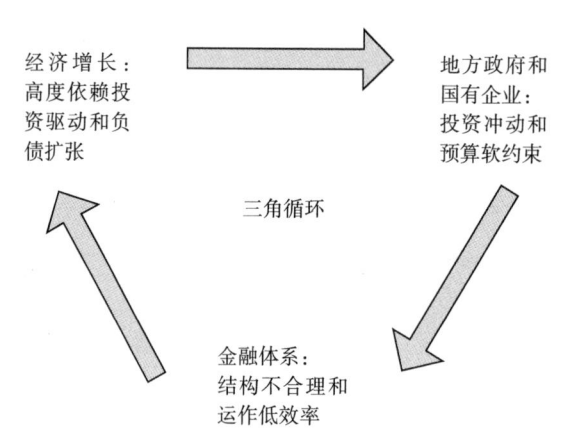

```
经济增长:              地方政府和
高度依赖投              国有企业:
资驱动和负              投资冲动和
债扩张                 预算软约束

           三角循环

              金融体系:
              结构不合理和
              运作低效率
```

图 2-15 我国实体经济债务扩张的"三角循环"框架

资料来源: 笔者绘制。

在 1996 年第一季度末至 2000 年第一季度末的债务上涨第一阶段,我国固定资产投资年均增长 9.22%,资本形成总额对 GDP 增长的年均贡献率为 24.5%,GDP 实际年均增长 8.62%。在 2002 年初至 2004 年第一季度末的债务上涨第二阶段,我国固定资产投资增速上升到 20.58%,资本形成总额对 GDP 增长的年均贡献率上升到 57.13%,GDP 实际年均增速随之上升到 9.73%。在 2009 年初至 2010 年第二季度末的债务上涨第三阶段,我国固定资产投资年均增速进一步上升到 26.36%,资本形成总额对 GDP 增长的年均贡献率上升到 76.4%,GDP 实际年均增速也随之上升到 10%。在 2012 年初至 2016 年末的债务上涨第四阶段,固定资产投资增速下滑至 14.6%,资本形成总额对 GDP 增长的年均贡献率下滑至 46.08%,GDP 实际年均增速也随之下滑至 7.32%。

更为重要的是,在我国投资持续增长的过程中,资本边际产出效率和经济潜在增长率却是下滑的。这意味着在我国依靠投资驱动的经济增长模式中,单位 GDP 增长需要更多的投资增长和债务支撑。安永(2012)的测算指出,我国 20 世纪 90 年代的资本产出率(Capital-output Ratio)为 3.79,2000 年至 2007 年增加到 4.25,2008 年至 2009 年则进一步上升到 4.89,资本积累对生产率增长产生了"挤出效应";中国的劳动生产率不

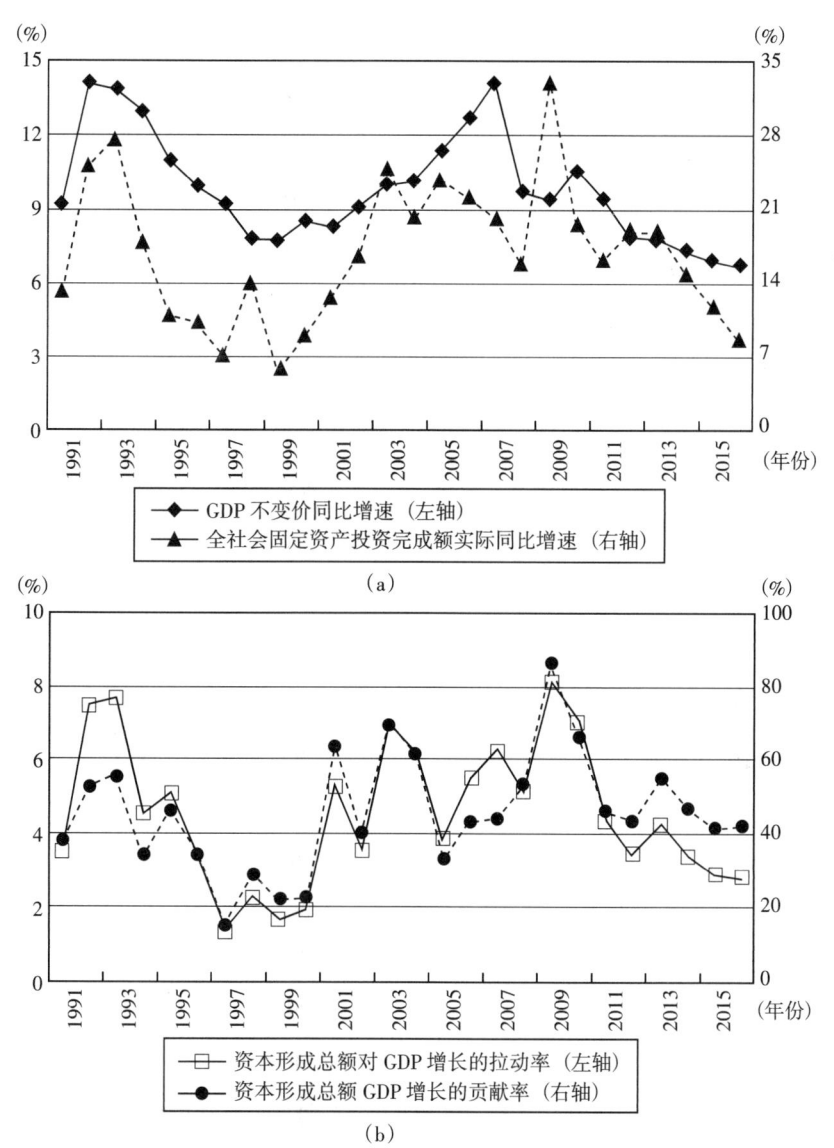

图 2-16 1991~2015 年中国 GDP 增速与对投资的依赖变化

资料来源：Wind，图由笔者绘制。

仅与发达国家相比有数十年的差距，甚至落后于泰国、哥伦比亚、摩洛哥等国家（见图 2-17）。钟正生（2013）的研究指出，1996~2011 年，我国的增量资本产出率（Incremental Capital Output Ratio, ICOR）平均为 3.9，远高于处于相似增长阶段的发达国家,如在20世纪50~70年代日本从工业化向城市化转型时期,其增量资本产出率基本维持在2.0的水平。同时,宏源证券2013年的测算发现,我国债务增长对于经济增长的边际贡献正在下滑,2002~2007年1元新增债务可以拉动0.62元的GDP,而2012年仅能拉动0.27元,2013年第一季度进一步下滑到0.15元(邓海清和林虎,2013)。该研究认为,这一方面是因为资本的边际产出下滑,增量资本产出率升高;另一方面是因为单位新增债务能够形成的资本正在下滑。

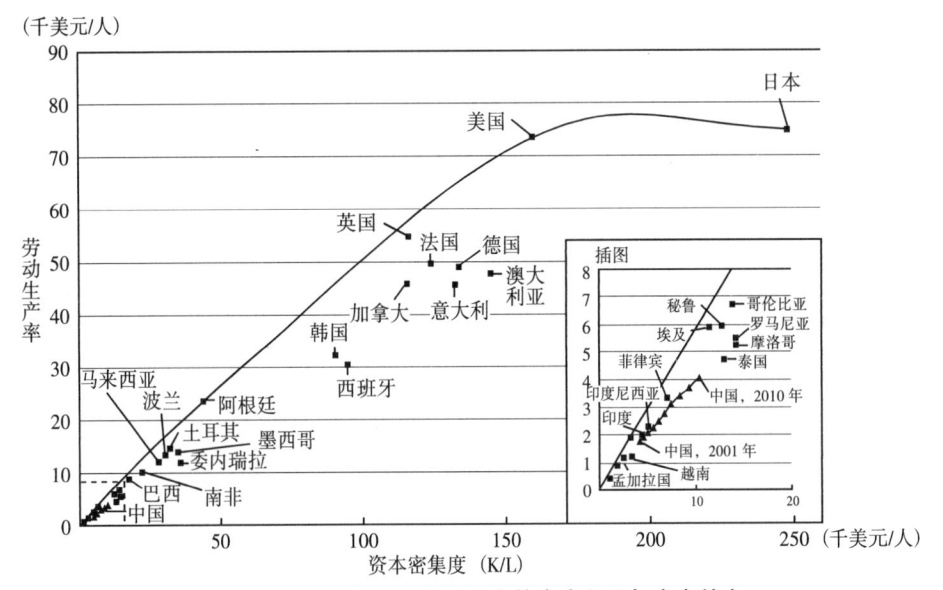

图2-17 2010年世界主要国家的资产积累与产出效率

资料来源:安永(2012)。

二、地方政府和国有企业的投资冲动和预算软约束

在我国投资驱动的经济增长模式下,加上以GDP为主导的政绩考核机制,地方政府的投资竞争推动了我国经济的高速增长(张五常,2012)。与此同时,由于我国的财税分配体系不合理,且地方政府在2011年之前不能自主发债,其税收收入难以满足其投资的资金需求。在现行的投融资

体制下，地方政府为了筹集投资资金，只能通过对金融机构的行政干预、成立政府投融资平台等方式，引导银行信贷资金流向政府项目、地方政府融资平台、国有企业等（纪志宏等，2014）。例如，在国家发改委批复的众多地方政府、国有企业投资项目可行性研究报告中，在投资资金来源方面都有"剩余资金由金融机构信贷支持""资本金以外的资金使用国内银行贷款"等相关表述。这从某种程度上表明，地方政府、国有企业投资对于金融机构信贷支持既有很大的实际需求，也有很强的"引导"意愿。

在行政干预方面，尽管近年来我国银行信贷市场的市场化程度不断提高，但商业银行等金融机构的信贷投放等经营决策仍无法摆脱地方政府的行政干预，这在地方性商业银行尤为突出。一个典型的案例是，某地方政府将某城商行的行政级别升级为"正厅级"，利用增资"规范政府管理行为"，通过提高国有企业持股比例实现银行公司治理的行政主导，使政府的重大决策和管理意图通过银行公司治理得以落实（张晓朴、朱太辉，2015）；地方政府对金融机构的信贷干预，以及由此造成的信贷歧视，不只是体现在信贷数量上（叶康涛和祝继高，2009；陆正飞等，2009），还包括通过隐性担保或是相应的利率优惠政策扭曲信贷价格（王珏等，2015）。

在地方政府投融资平台方面，2008年国际金融危机后，随着"十大扩内需稳增长政策措施"和4万亿元投资计划的实施，各地方政府制定出台了更大规模的投资建设计划，为了给投资项目及时筹集资金，开始大规模组建政府融资平台，融资平台贷款与负债开始急剧增加。大部分融资平台贷款的偿还主要是依靠未来的土地出让收入，典型融资平台的投融资运作可以概括成"土地出让+银行贷款"。在这种投融资运作模式下，融资平台以借贷起步，投资改善环境、建造基础设施等，促进区域地块升值，进而通过土地出让收入、无形资产收益等偿还贷款，即"借入贷款—投资建设—地块升值—卖地还贷"的循环（见图2-18）。其结果是，地方政府、房地产企业、地方政府融资平台（国有企业）的债务水平不断攀升。根据国家审计署2011年6月的审计报告，截至2010年底，全国地方政府性债务余额为 107174.91 亿元（省、市和县三级政府）。从资金来源看，在 2010 年底地方政府性债务余额中，银行贷款为 84679.99 亿元，占 79.01%，地方政府性融资平台贷款在 2010 年底我国金融机构贷款余额中的占比高达 17.7%。

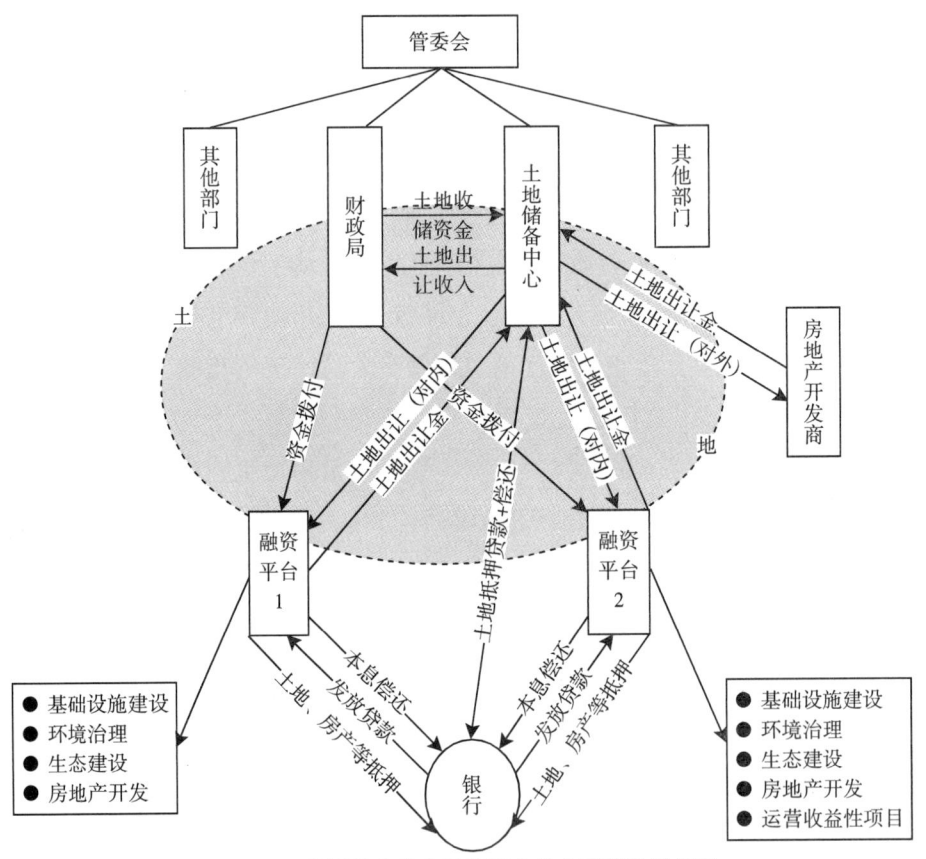

图 2-18 我国地方政府融资平台的典型投融资机制
资料来源：朱太辉：《货币信贷内生扩张及其经济效应研究》，中国金融出版社 2015 年版。

在国有企业方面，由于长期存在预算软约束，加上政府部门的隐性担保和相对便利的融资可获得性，国有企业的债务增长成了近年来我国企业部门债务上涨的主要推动力量。

三、金融体系的结构不合理和运作低效率

金融部门的资源配置效率低、股票融资市场欠发达、实体经济与金融循环不畅，导致大量资金被低效、无效使用，是推动我国实体经济债务水平不断攀升的中间力量。长期以来，我国融资体系以银行为主，企业发展资金主要来自自我积累和银行信贷，多层次资本市场发展滞后，是我国实体经济负债率不断攀升的重要推动力量。2002~2016年，我国企业股票融资占比始终在1%~7.5%徘徊，期间的年均占比仅为3.02%，导致实体经济融资存在巨大的"模式错配"（见图2-19）。与此同时，我国企业的债券融资在新增社会融资规模中的占比虽然整体上处于上升态势，但仍处于20%以下的水平，导致实体经济投融资存在较大的"期限错配"（王胜邦和朱太辉，2018），实体经济债务存在明显的流动性风险。

由于精细化管理水平较低、差异化竞争能力不足、风险管理体系不完善，金融机构发展过于注重市场规模、"贪大求全"，热衷于服务拥有隐性担保的国有企业和政府项目，小微企业、民营企业融资难、融资贵问题长期未得到明显缓解，轻资产的高科技企业发展资金瓶颈突出，形成了金融资源的"结构错配"（朱太辉等，2018），也导致出现了我国企业部门中国有企业负债率高、民营企业负债率低的问题。

与此同时，近年来随着经济转型升级战略的持续推进、相关调控政策的陆续收紧和供给侧结构性改革的深入实施，地方政府融资平台、房地产行业、产能过剩企业难以通过正常的银行信贷渠道获得资金支持。但作为资金供给方的金融机构出于市场竞争、利润增长、风险防控的考虑，仍存在继续对这些领域提供资金支持的较大激励。正因如此，在资金供求双方的推动下，近年来我国金融机构通过发行表外理财产品、对接企业信托计划等方式延长融资链条，规避监管，满足这些领域的资金需求（见图2-20）。结果导致地方政府融资平台、国有企业、房地产企业、产

能过剩企业的债务规模持续增长,既提高了企业部门的负债率,也增加了企业部门的债务脆弱性(Chivakul and Lam,2015)。

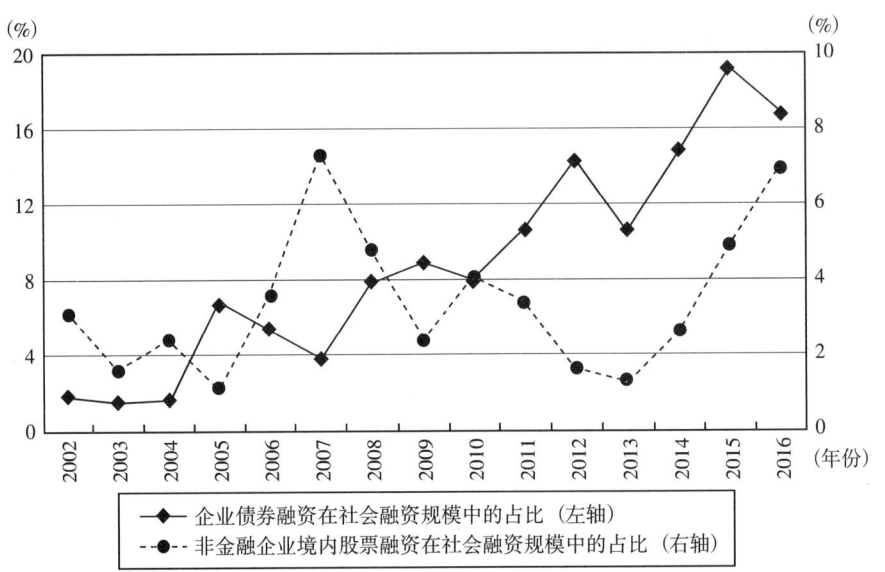

图 2-19 2002~2016 年企业股票融资和债券融资在新增社会融资规模中的占比

资料来源:Wind,图由笔者绘制。

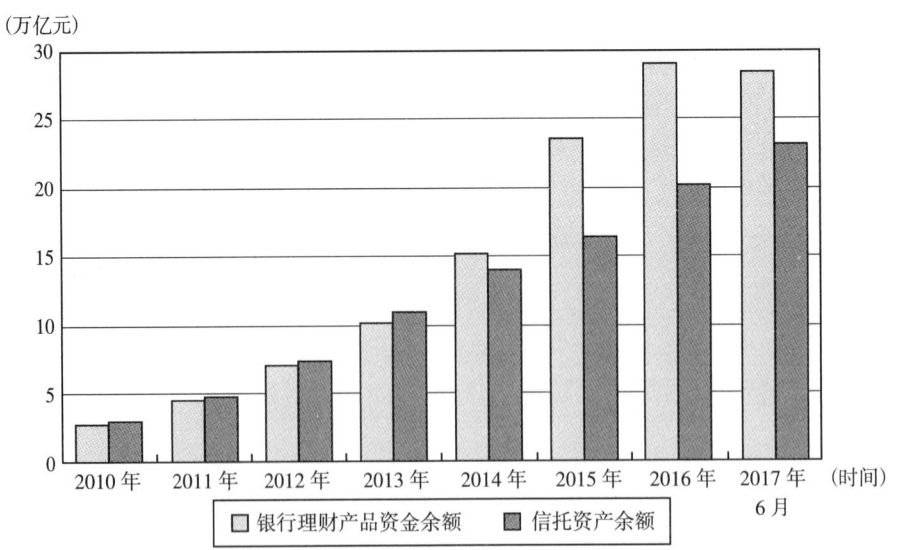

图 2-20 2010 年至 2017 年 6 月我国银行理财产品和信托资产规模变化

资料来源:Wind,图由笔者绘制。

此外，需要说明的是，有观点认为 2008 年国际金融危机爆发后，我国采取的两年增加约 4 万亿元投资的扩内需稳增长十大政策措施，是我国实体经济债务快速增长的直接原因。但从我国实体经济负债率上涨的演进路径来看，可以明显看到 2009 年初至 2010 年中我国实体经济的债务规模的确经历了一个快速增长期，但在此后的 2010 年下半年至 2011 年债务规模扩张进入了调整期，实体经济负债率反而在下降。然而，不论是从负债率上涨的持续时间、负债率的上涨规模还是负债率对其趋势值的偏离度来看，从 2012 年初至 2016 年末的第四阶段，我国实体经济债务一直在保持快速增长态势，是我国实体经济负债率上升最重要的时期。

第三章 实体经济债务影响金融脆弱性的理论机制

当前学术界关于实体经济债务风险的研究与金融系统性风险的研究基本上是分立的，金融系统性风险评估和宏观审慎监管方面的研究对实体经济债务与金融体系风险之间的关系关注不够，而实体经济债务风险方面的研究又大多没有延伸至金融体系风险层面，因此实体经济债务变化对金融体系稳定的影响机制并不清楚。在金融体系风险方面，现有金融系统性风险评估方法（如系统性预期损失值方法 SES、系统性风险指标 SRISK、条件风险价值模型 CoVar）和宏观审慎监管政策（如基于"广义信贷/GDP"变化计提的逆周期资本、针对系统重要性金融机构征收的附加资本），主要是针对金融体系本身来设计的，并没有深入考虑金融体系与实体经济的关系（张晓朴和朱太辉，2014），更没有前瞻性地分析实体经济债务对金融体系稳定的影响（朱太辉和边卫红，2018）。而在实体经济债务方面，中国人民银行杠杆率研究课题组（2014）、IMF 的马利·奇瓦科等（2016）、李晚晴和田野（2018）、马建堂等（2016）、李扬等（2018）、朱太辉（2018）等，对我国实体经济（或实体经济各部门）的债务水平和债务风险进行了测算，但没有分析实体经济高债务对金融体系稳定的影响。此外，虽有一些文章在测算我国实体经济债务风险的基础上，实证检验了实体经济债务与金融体系风险之间的关系，但并没有深入剖析这种实证关系背后的理论机制（张成科等，2018；黄剑辉和李鑫，2018）。本章将在梳理分析费雪的"债务—通缩理论"、明斯基的"金融不稳定假说"、伯南克等的"金融加速器模型"、辜朝明的"资产负债表衰退理论"中实体经济债务扩张—收缩机制及其对金融风险影响渠道的基础上，从债务周期视角构建一个新的综合模型，综合反映实体经济债务扩张时间、扩张速度、结构变化对金融体系脆弱性的影响。[①]

第一节 债务收缩：费雪的"债务—通缩理论"

基于"过度负债"（Over-indebtedness）和"通货紧缩"（Deflation）这两个核心概念，费雪于1933年提出了"债务—通缩理论"（Debt-deflation Theory），认为"过度负债"和"通货紧缩"相互作用引发了信贷的扩张和收缩，进而导致了经济的周期性波动（Fisher，1933）。在对经济发展前景乐观预期的引领下，整个社会逐渐产生"新时代心理"，进而出现"过度投资"并诱发经济繁荣。投资的资金主要是通过银行信贷等债务融资筹集，信贷和债务扩张推动物价水平和资产价格不断上升，债务实际价值的上升因此慢于名义价值的上升，从而刺激企业不断借贷投资；"过度投资"在超过某一临界点以后，任意一个"意外冲击"或者政策收紧都有可能会改变对经济前景的预期，导致企业盈利减少、资产价格暴跌。此时，"过度负债"的投资者不得不出售资产偿还信贷，同时由于资产净值下跌企业的信贷获取变得更加困难，信贷和债务不断收缩，而信贷和债务收缩与企业的产品抛售一起推动物价不断下降、企业盈利进一步减少，进而使得实际利率逐步上升，债务的实际价值不断增加，债务和经济进一步向下螺旋，出现"通货紧缩"。在费雪看来，这种恶性循环会一直持续到过度负

---

① 说明：本章第一节至第四节是在笔者前期的工作论文《信贷如何波动———一个理论综述》（中国人民大学财政金融学院工作论文《货币金融评论》，2010年第7、第8期）的基础上修改完善而成的。

债被消除，或者出台新的政策刺激经济和通货膨胀。一旦经济调整之后开始复苏，良好预期又会推动新一轮的信贷和债务扩张。

在费雪的"债务—通缩理论"中，从"过度负债"发展到"通货紧缩"需要经过九个步骤：①债务清偿致使廉价抛售；②随着银行贷款由于债务清偿而被偿还，存款通货收缩，货币的流通速度下降；③由于廉价抛售导致的存款收缩和流通速度的下降导致价格下跌；④如果价格下跌没有受到再通胀或者其他政策的干预，那么必然会有企业净值的进一步下跌和破产的加速；⑤企业的收益也会下降，必然会导致企业的经营亏损；⑥企业削减产出、贸易和雇用的员工；⑦导致悲观主义和信心丧失；⑧反过来又会导致窖藏货币的增加和货币流通速度的进一步下降；⑨以上八种变化最终会导致利率的复杂变化，即名义利率的下跌和实际利率的上涨（Fisher，1933）。

由此可以看出，在"债务—通缩理论"中，实体经济负债影响金融体系稳定的机制是"过度负债"向"通货紧缩"的转变：乐观预期或者政策刺激—投资增加、经济增长—信贷扩张和债务积累—价格上涨、收益增加—债务实际价值减少、资产净值增加—持续的正向循环导致过度负债—负面冲击或者政策收缩—投资减少和经济下滑—信贷收缩和负债偿付—价格下降、收益减少—债务实际价值增加、资产净值减少—持续的恶性循环导致债务通缩—金融系统性风险暴露，其中重点是"负面冲击或者政策收缩"之后的过程（见图3-1）。

费雪1933年提出的"债务—通缩理论"其实是他对自己先前相关研究的总结，特别是其1911年出版的《货币购买力》和1920年出版的《稳定美元》。在《货币购买力》中，费雪的经济周期理论可以表述如下：经济增长开始，存货减少，生产增加—萨伊定律在有效界限内，生产刺激需求—生产赶不上订单需求—银行扩大信贷支持生产扩张—贴现率降低，经济进一步扩张；在一些银行信贷扩张的基础上，其他银行的储备增长，刺激进一步信贷扩张—萨伊定律失效，国民收入大于需求—存货大于正常需

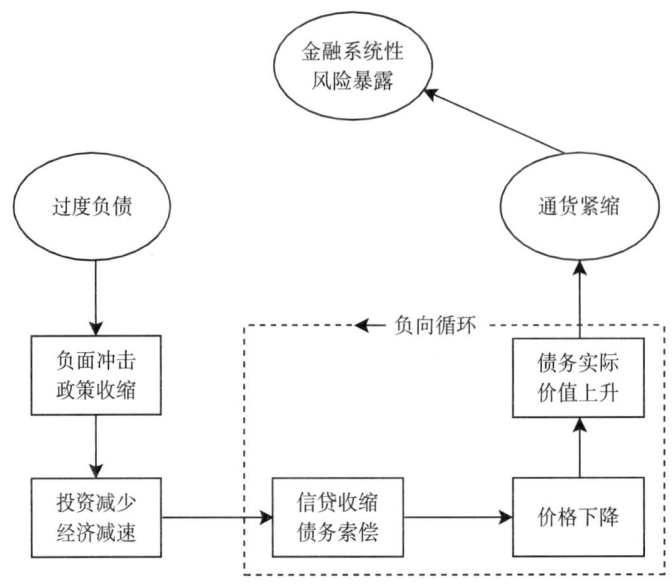

图 3-1 "债务—通缩理论"下债务波动影响金融稳定的机制
资料来源：笔者绘制。

求，订单减少—企业不断偿还贷款，信贷不断收缩—资产价格下跌，存货价格下跌—债务偿还赶不上价格下跌步伐，债务偿还失败，经济发展不断下行或者陷入萧条。费雪在该书中明确指出："债务人偿付的债务越多，他们所负担的债务就会越沉重。经济航船越是歪斜，它就越倾向于倾覆。"[①] 费雪强调，经济周期的关键在于银行信贷，原因在于银行能够创造和收缩货币。

---

① 摘引自：Tvede L., *Bussiness Cycles: History, Theory and Investment Reality*, New York: John Wiley & Sons, 2006.

第三章　实体经济债务影响金融脆弱性的理论机制

第二节　债务扩张：明斯基的"金融不稳定假说"

"金融不稳定假说"（Financial Instability Hypothesis）是明斯基（Hyman P. Minsky）在其1993年的一篇论文中明确提出的，但其中的核心思想在其之前的两本著作中就已经彰显：1976年的《凯恩斯〈通论〉新释》和1986年的《稳定不稳定的经济》。前者在吸收《通论》中"投资周期理论"的基础上，进一步研究了为投资而进行的融资过程，认为投资未来所产生的现金流的不确定性将会对资产负债表，进而对投资性融资的偿还产生重大影响，为此发展出了"投资的融资理论"（Financial Theory of Investment），指出为投资进行融资是经济不稳定的重要来源。在后者中，明斯基根据经济主体的运营现金流—债务之间的关系，将经济主体的融资划分为三个类别：对冲性融资（Hedge Finance）①、投机性融资（Speculative Finance）和庞氏融资（Ponzi Finance）。对冲性融资是指，经济主体从资本资产或者投资中期望获得的现金流除了满足现在和未来的债务本息偿还外还有剩余；投机性融资是指，经济主体预期从营运资本中获取的现金流会在某段时期（特别是投资后的近期）少于债务的偿还承诺（比如可以偿还债务利息，却无力偿还本金），需要对他们的债务"滚动翻新"（Roll Over，即借新债还旧债，或者利用短期融资为其长期头寸融资）；庞氏融资则是指，经济主体的运营现金流不足以偿还债务本金或者利息，需要重新借债或者变卖资产才能履行债务合约，这种融资通常与欺诈性的融资活

---

① "Hedge Finance"按字面翻译为"对冲性融资"，但其内在的含义应该是稳健性融资或者安全性融资。

动联系在一起（Minsky，1986）。① 在此基础上，明斯基重点分析了投资的融资结构及其导致经济不稳定的机制。

明斯基"金融不稳定假说"的一个重要前提是，经济发展是"融资（过去）—投资（现在）—盈利（未来）"反复循环的"资本积累"（Capital Development）过程，而非 Knightian 提倡的"给定资源在不同替代性用途之间的分配"。在注重"资本积累"的经济制度下，逐利本性使得经济容易出现投机繁荣，在利润"发动机"的牵引下投资不断扩张，债务规模随之扩大，整个经济的融资结构（债务结构）也随之从对冲性融资占据主导地位的融资结构向投机性融资和庞氏融资主导的融资结构跃进，债务风险不断积累。因为在扩张的过程中，债务规模持续以快于名义国民生产总值增长的速度增长；当不断扩张的债务造成了极高的通货膨胀，政策当局实施紧缩性的货币政策，那么在投机性融资和庞氏融资主导的融资结构下，经济主体的资产净值很快地蒸发，经济发展和投资的利润预期会急速掉头下降，此时融资和债务规模便会以快于名义国民生产总值下降的速度收缩；现金流短缺的经济主体将会被迫出售资产来偿还债务，从而极有可能导致资产价值的崩溃，甚至引发金融危机。因此，在"金融不稳定假说"中，债务融资的不稳定是金融体系脆弱性的根源，而且这种不稳定是内生的。

资本积累需要当前货币与未来货币之间的交换，投融资活动将过去、现在和未来联系在了一起：企业盈利依靠投资、投资依赖于获得外部融资、偿还债务依靠盈利。在明斯基看来，金融不稳定就是在这种投融资活

---

① 明斯基的融资结构划分在很大程度上得益于熊彼特经济周期理论中的"正常信贷"与"非正常信贷"。在熊彼特信贷理论中，银行信贷被分为了"正常信贷"与"非正常信贷"。前者创造了对社会收益的要求权，代表着并可以被认为是对已经提供服务及现存产品已经交付的证实；后者也创造了对社会产品的要求权，但由于缺少过去的生产性服务的基础，只能被看作未来的服务或者尚待生产的商品的证明。在熊彼特看来，"非正常信贷"至关重要，因为"正常信贷"只是一种单纯的购买力转移，保证了经济正常的循环流转；而"非正常信贷"则创造了新的购买力，在本质上是为了把购买力转移给企业家而进行的购买力创造，这为企业利用信贷重新组合生产资料促进经济发展提供了可能。（Schumpeter J. A., *Theory of Economic Development*, Cambridge: Harvard University Press, 1934）

动中演化出来的,其"金融不稳定假说"也由此提出了两个基本命题:第一个命题是,经济在某些融资机制下是稳定的,而在另一些融资机制下却是不稳定的;第二个命题是,随着持久繁荣的结束,经济将会从有利于系统稳定的金融关系转变成有利于系统不稳定的金融关系(Minsky,1992)。这两个命题揭示出经济有着内在和本质的不稳定性,而金融脆弱性的产生过程是天然的和内生的(Minsky,1986)。

在明斯基的"金融脆弱性假说"中,经济的发展是一个"融资—投资—盈利—偿债"按时序不断循环的过程,盈利预期诱使经济主体扩大投资,投资扩张需要外部融资支持,同时未来盈利实现是偿还前期融资的保证,进而是上述循环不断持续的基础;当前期的盈利预期和未来的盈利实现出现落差时,前期融资偿还压力显现。这一方面使得贷款者的贷款意愿下降,另一方面使得借款投资/投机者偿还压力大增,从而被迫抛售投资资产,资本和商品价格由此进入"债务通货紧缩"式的下跌,投资者的财务状况和现金流由此不断恶化,情况严重时引发金融和经济危机。因此,在"金融不稳定假说"中,债务扩张影响金融稳定的关键在于债务结构的变化:经济长期繁荣发展→对冲性融资主导的融资结构追逐利润债务扩张,债务结构转为投机性融资主导→通货膨胀→政策收紧或负面冲击→价格下跌→债务收缩,债务结构转为庞氏融资主导→经济主体抛售资产用于偿还债务→资产价值崩溃、信贷瘫痪、爆发金融危机[①](见图3-2)。其中在经济增长和债务扩张时期,资本的需求价格相对于投资产出的供给价格会上升,不仅增加了投资的利润,还会扩大经济主体从银行和金融市场融取的资金,借款人和银行都变得非常有信心,即使投资的现金流预测出现错误也很难被发现。在经济扩张期,这种追逐利润的投融资行为会缓慢地侵蚀"安全边界"(Margins of Safety)(Kregel,1997),最终造成金融体系的脆弱性。由此可以看出,在明斯基看来,实体经济债务扩张对金融体系

---

① 被称作"明斯基时刻"(Minsky Moment)。

稳定的影响取决于：①经济的融资结构，即对冲性融资、投机性融资和庞氏融资的构成比例；②资产组合的流动性；③正在进行的投资资金有多少来自债务融资（Davis，1992）。

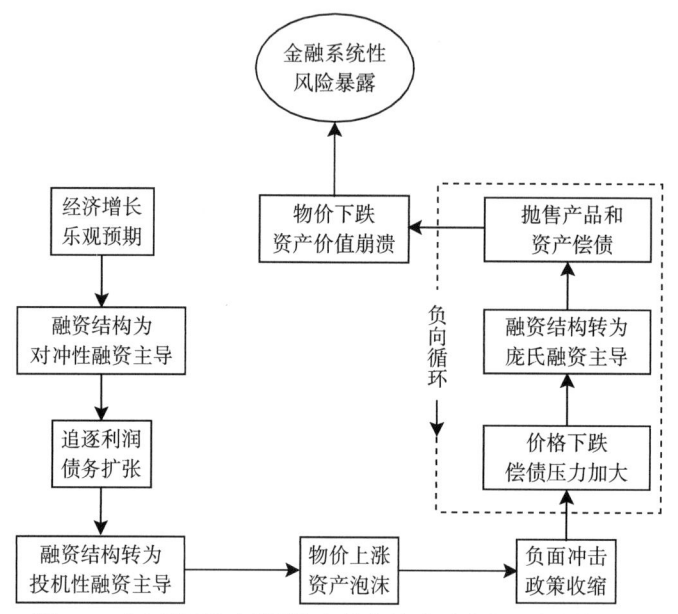

图 3-2　"金融不稳定假说"下债务波动影响金融稳定的机制
资料来源：笔者绘制。

此后，Boyor 等（2004）对"融资—投资—危机"之间的转变做了进一步的分析，对明斯基金融不稳定的形成机制提供了补充。[①] 如图 3-3 所示，Boyor 等的研究指明了乐观情绪、信心状况以及经济主体的融资行为如何引致金融脆弱性周期性地出现：乐观情绪会引导更多的风险投资，导

---

① 在 Boyor 等看来，要理解将来一系列危机的发展过程，起点认识非常重要。这是由于：一是金融市场信息不对称的存在，这揭示了市场配置的无效率，并加强了不确定性；二是风险承担行为的顺周期性，这是最近大多数危机爆发的主要根源之一；三是财务因素，通过金融加速因子，这一因素在危机的形成机制中发挥了重要作用；四是银行体系在金融危机的形成机制中发挥了决定性的作用；五是严重的系统性危机可能与宏观经济体制不相干；六是要处理好国内金融机构与国际金融机构的兼容性；七是金融产品的创新和金融运营的国际化是决定金融不稳定转化的重要因素。此处 Boyor 等（2004）的观点摘自 Martha（2008），第 11—12 页。

致金融脆弱性显现以及违约；对风险投资的重新评价是金融脆弱性的一个转折点，如果信心恢复，那么乐观情绪又会重新恢复，进而导致下一个脆弱周期的发生。

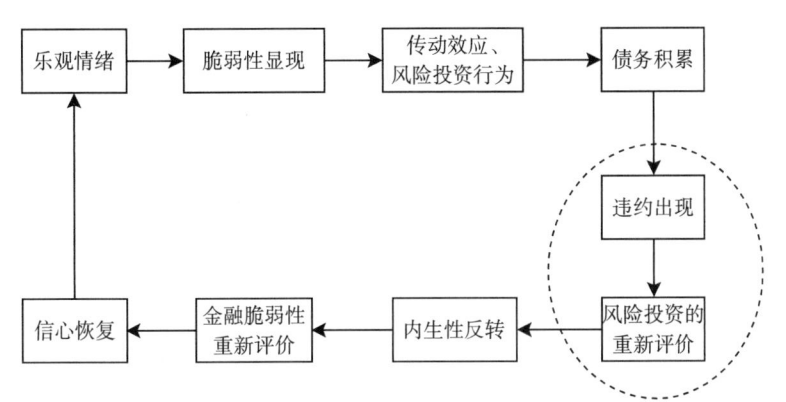

图 3-3　"金融不稳定假说"中的"融资—投资—危机"转换机制

注：图中虚线圈覆盖的就是脆弱性阶段。
资料来源：Martha（2008）。

经济主体为什么会不断扩大债务规模和提高杠杆率，即融资结构逐渐从对冲性融资转向由投机性融资和庞氏融资主导？在明斯基看来，主要诱因是对利润的乐观预期，只要经济形势持续走好，未来的盈利会随着财务杠杆的提高而放大投资者获取的收益，从而促使投资者不断扩大财务杠杆以获取更大的投资或投机收益。因此，只要因项目失败或者企业破产而遭受的惩罚不是太高，投资者就会有激励不断进行高风险的投资，风险也因此不断积聚（Jensen and Meckling，1976）。Jensen（1986）的"自由现金流理论"（Free Cash Flow Theory）对此的解释则是，企业的资本结构会影响企业的管理决策进而影响企业的效率，而较高的债务水平将会改善企业的经营状况。此外，根据"MM第二定理"（Modigliani and Miller，1963），债务融资比例不断提高还可能包含债务融资税盾效应的推动，因为在存在企业税的情况下，企业价值是财务杠杆的增函数。对于债务扩张和金融危机为什么会反复出现，明斯基认为原因有两个：一是代际遗忘，即在逐利本性的驱使下，今天的贷款人忘记了过去的痛苦经历；二是迫于竞争压力和市场份额的争夺，贷款人会做出许多不审慎的贷款决策，否则就会失去市场和盈利机会（陈雨露和汪昌云，2006）。

第三节　债务供给：伯南克等的"金融加速器模型"

尽管明斯基的"金融不稳定假说"分析了债务融资结构变化对金融体系稳定的影响，但其中并没有分析金融体系在债务融资结构中的作用。金融体系特别是银行体系的出现和发展，很大程度上是为了解决借贷双方由于信息不对称带来的逆向选择和道德风险问题。米什金（Mishkin，1997）基于信息不对称的框架对金融脆弱性的引因和传导机制做了归纳，认为金融不稳定的根源在于信息流的断裂阻碍了金融市场的有效运行，而信息流的断裂具体表现为信息不对称引发的逆向选择、道德风险和"搭便车"行为。在遭受不利因素的冲击后，银行或非银行部门的资产负债表恶化，资产净值下降，逆向选择和道德风险由此增加，银行减少信贷供给，甚至会出现银行体系崩溃和爆发金融危机。在米什金的分析框架中，银行信贷市场的波动是金融不稳定的关键环节，而主导信贷波动的则是信贷供求双方的财务状况。由于信贷约束通常会随着非银行经济主体净值的变化而变化，所以在信息不对称框架下，外在冲击或经济发展趋势的变化通常会内化为非银行经济主体信贷的约束条件。在信息经济学框架下，伯南克（B. Bernanke）等建立的"金融加速器模型"和青泷信宏（N. Kiyotaki）等建立的"信贷周期模型"，分析了信贷约束条件变化对债务扩张的影响，并进一步分析了金融体系和债务规模在经济金融波动中的作用，解释了经济发

第三章 实体经济债务影响金融脆弱性的理论机制

展中的"小冲击,大周期"[1]之谜。

Bernanke、Gertler 和 Gilchrist(1996)基于信息不对称这一假设,将金融市场纳入"真实经济周期模型"(Real Business Cycle,RBC),对银行信贷对经济波动的放大作用进行了解释。他们认为信贷会促进初始小冲击的发展和放大实体经济遭受的冲击,并将初始冲击引起的信贷市场状况的改变进而放大初始冲击的这一过程称为"金融加速器"(Financial Accelerator)。由于信息不对称和信贷中介成本[2]的存在,逆向的外部冲击发生或者经济扩张的自然结束都会显著地降低企业和家庭的净值,提高它们在融资过程中的中介成本,损害它们获取信贷的能力,造成信贷的紧缩,进而导致需求和产出的双双下降。这一过程的不断循环,就会导致金融和经济危机。从理论渊源来看,"金融加速因子"是在信息经济学中信息不对称分析框架下创建的,是对 Stiglitz 和 Weiss(1981)信息不对称情况下信贷配置理论的深化,将信贷市场的信息不对称可能引发的逆向选择、道德风险以及"搭便车"行为具体成了资产净值和信贷中介成本的影响。

在"金融加速器模型"中,资产净值和信贷中介成本的存在具有三方面的影响:第一,相对于内源融资,银行信贷等外源融资的成本更高,除非外部融资得到抵押资产的担保;第二,在融资额给定的情况下,外源融资支付的溢价(Premium)随着借款者的资产净值[3](Net Worth)波动;第三,借款者净值的下降,会提高其外源融资支付的溢价,并且增加需要的外源融资规模,从而减少借款者的消费和生产。

最后一点是"金融加速因子"的核心所在:在经济遭受负面冲击后,

---

[1] 即大规模的经济波动有时只是来源于一个非常小的冲击。
[2] 在金融加速器模型中,信贷中介成本(Cost of Credit Intermediation)指的是将资金从最终存款人/贷款人手中引导到优良借款人手中所花费的成本,其中包括甄别成本、监督成本、会计成本以及不良借款人所造成的期望损失。(Bernanke B. S.,"Nonmonetary Effects of the Financial Crisis in the Propagation of the Great Depression", *American Economic Review*, Vol.73, No.3, 1983, pp.257-276)
[3] 此处定义的净值(Net Worth)=企业的内部资金(流动性资产)+非流动性资产的抵押价值。

借款者的资产净值和贷款规模会随之减少，初始冲击对支出和生产造成的影响会随之被放大。当然，外源融资支付的溢价随着借款者净值的波动，不一定只是"金融加速器模型"中的代理成本，也可能是由于甄别成本（Screening Cost）（Stiglitz，1975）、状态识别成本[①]（Costly State Verification，CSV）、柠檬溢价（Lemon Premium）等，或是所有这些因素的总影响。在"金融加速器模型"中，信贷的波动过程可以概括为：负面冲击→借款者的资产净值降低→信贷中介成本上升→银行信贷供给收缩→支出和生产收缩→借款者资产净值进一步降低→信贷中介成本进一步上升→银行信贷供给进一步收缩。在经济经历正向刺激后，信贷扩张则与上述过程相反。

Kiyotaki和Moore（1997a）同样基于信息不对称的分析框架，在一个信贷约束内生决定的经济体中，研究了对技术或收入相对较小的临时性冲击如何对产出和资产价格产生大的持续性冲击，进而如何引致信贷的扩张或收缩，提出了"信贷周期模型"。在"信贷周期模型"中，耐用性资产具有双重功能——生产要素和贷款抵押物，信贷波动与抵押资产之间存在着互动，借款者的信贷约束受抵押资产价格的影响，同时这些抵押资产的价格也受信贷约束的影响，两者之间互动使得初始冲击的效用持续放大且溢出到其他部门。与"金融加速器模型"相同的是，"信贷周期模型"也是分析信贷约束与"资产净值"之间的关系；不同的是，"信贷周期模型"将这种关系具体化为企业抵押资产的价值与信贷约束之间的关系，而且将"金融加速器模型"描述的静态关系扩展为动态发展机制，因此可以被称为"动态的金融加速器模型"。

在"信贷周期模型"中，Kiyotaki和Moore（1997a）认为作为生产要素和贷款抵押物的资产与信贷供给之间存在着互动，这种互动的传导机制包括单期的静态乘数效应和跨期的动态乘数效应。静态乘数效应指的是，

[①] 状态识别成本也称为审计成本（Auditing Cost）。

第三章 实体经济债务影响金融脆弱性的理论机制

反向冲击降低了资产的价格，由于信贷约束企业存在较高的财务杠杆，企业的资产净值会极大地降低，从而使得它们可获取的信贷额度降低，资产投资减少，同时，为了保证资产市场的出清，资产价格会进一步降低；动态乘数效应指的是，企业在遭受冲击当期及之后各期对资产需求的下降，会降低企业下一期的净值，削减企业的可用信贷额，降低企业的资产需求，而这些又会促使资产价格进一步下跌。静态乘数效应在冲击发生时将冲击放大，而动态乘数效应除了放大冲击外，还会在将来将冲击持续下去并且扩张到别的企业或者部门，其影响要远大于静态效应。[①] 但值得一提的是，最终的总效应并非静态效应与动态效应之和，而是两者之积。

在"金融加速器模型"和"信贷周期模型"中，银行信贷供给和实体经济债务变化对金融体系稳定的影响机制是：经济遭受外在冲击→资产价格下跌和企业收益下降→企业资产负债表恶化和资产净值下降→逆向选择、道德风险增加和信贷中介成本提高→银行减少信贷供给→企业债务融资受困→投资下降、资产价格进一步下跌→银行信贷供给进一步缩小→企业债务融资困难进一步加大，这一过程会导致经济金融形势持续恶化，甚至引发金融危机和经济衰退（见图3-4）。信贷扩展的过程与此相反。

需要说明的是，在经济遭受负面冲击后银行收缩信贷供给的过程中，并不是所有借款者都面临相同的信贷紧缩或扩张。规模不同的企业在获取信贷的代理成本上会存在较大差异，因此在经济下滑或者实施紧缩性的政策时，它们在信息不完全的信贷市场会有不同的表现，小企业由于获取信贷更加困难，其销售额、存货等方面的变化比整个部门的平均变化要显著

[①] 青泷信宏将这种包含静态效应和动态效应的信贷周期形象简单地类比成"猎食模型"（Predator-Prey Model），其中捕食者指的是遭受信贷约束的企业的债务（未偿还信贷），而猎物指的是企业拥有的资产额。一方面，企业持有的资产量增加意味着它们将有更大的净值来借贷，这相当于是猎物为捕食者喂食；另一方面，高额的债务会削减企业的可用资金，限制企业在资产上的投资，这相当于捕食者捕杀猎物。(Kiyotaki N. and J. Moore, "Credit Cycles", *Journal of Political Economy*, Vol.105, No.2, 1997, pp.211–248)

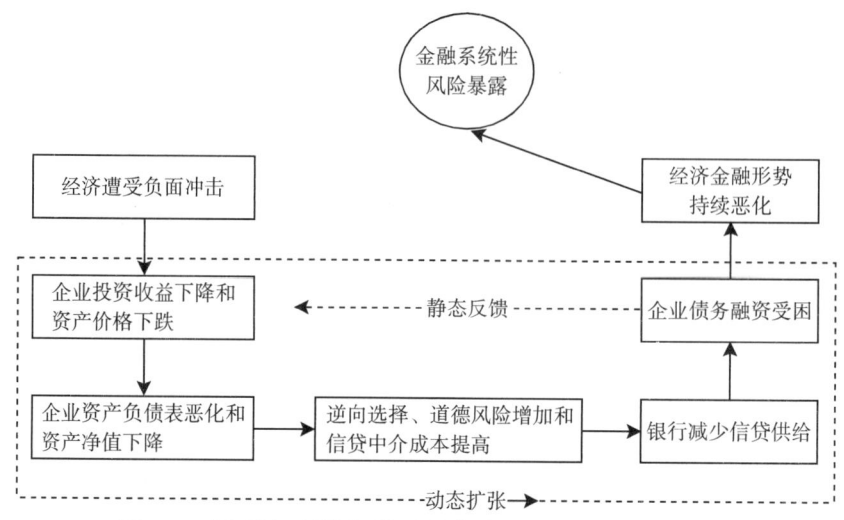

债务、风险与监管——实体经济债务变化与金融系统性风险监管研究

图 3-4 "金融加速器模型"中债务波动影响金融稳定的机制

资料来源：笔者绘制。

得多（Gertler and Gilchrist，1993，1994）。换言之，信贷可能会出现"逃往质量"（Flight to Quality）的现象，从"低净值"的借款者转移到"高净值"的借款者（Bernanke and Gertler，1990）。总的来说，由于信贷中介成本的存在，"金融加速器模型"刻画的中小企业的融资情况跟"融资优序理论"（Fazzari et al.，1988）是一致的，衰退期间高企的代理成本会降低中小企业的外源融资的能力，而且经济衰退的程度越大，"金融加速因子"的影响就会越强；衰退的程度越深，企业的内源融资比例就会越大（Gertler and Hubbard，1988）。

此外，"信贷周期"模型中抵押资产与信贷互动的乘数效应的产生和传播有赖于企业之间由于商品供给而形成的信贷链（Credit Chain）。企业之间由于相互的贸易往来形成了复杂的供给链或供给网，并且存在着相互借贷（如应收账款），当一家企业遭受顾客违约时就有可能面临流动性短缺的问题，从而对它自己的供应商违约。这一系列的违约会通过供应链传播初始冲击，并最终放大初始冲击。因为随着违约链的不断发展，初始违约企业的顾客自身也会无力偿还他们的债务，从而会开始新一轮的违约。信贷的供应链波动机制是 Kiyotaki 和 Moore（1997b）最早提出的，基于局部均衡分析，此后 Cardoso-Lecourtois（2004）以及 Boissay（2006）在一般均衡分析的框架下，对这一传播和放大机制进行了扩展。顾客遭受的冲击除了沿供应链向其供应商传导外，企业之间的贸易信贷（Trade Credit）也会传导客户遭受的初始冲击，因为顾客的供应商在面临流动性问题时会缩减其对客户的贸易信贷（Coricelli and Masten，2004），或者选择在客户真正违约之前就停止向陷入财务困境的客户提供贸易信贷。

第四节　债务需求：辜朝明的"资产负债表衰退理论"

上述理论虽然在信贷如何内生波动方面存在差异，但有着一个共同点：需求方不论经济状况如何，都有着积极的信贷需求，而信贷收缩或是由于需求方在资产净值下降后陷入借贷困境，抑或是银行信贷供给的缩减。此次国际金融危机爆发后，日本经济学家辜朝明（Koo，2008）一改传统分析思路，提出了"资产负债表衰退理论"，认为经济衰退期间的信贷低迷是因为企业经营目标转为"债务最小化"，信贷需求不足。

辜朝明提出的"资产负债表衰退理论"认为，经济陷入衰退或者萧条的根源不在货币和信贷供给方，而在于货币和信贷的需求方——实体经济的参与者。具体而言，在资本市场或不动产市场的泡沫破裂后，市场价格的崩溃会使之前过度扩张的经济主体（主要是企业）的资产大幅缩水，负债大幅超出了资产的市场价值，也就是说，企业已经在技术上破产；此时大部分企业的目标将会从传统理论所坚持的"利润最大化"转向"债务最小化"，主动地减少信贷需求和债务融资以修复受损的资产负债表。[①] 企业的这种个人理性最终会造成"合成谬误"（Fallacy of Composition），因为整个企业部门的信贷需求压减会造成信贷紧缩和流动性停滞，从而拖累经济持续衰退。也就是说，在经济进入衰退后，企业目标的转变会造成银行信贷需求的相应下降，从而导致实体经济债务规模和银行信贷投放内生性收缩。事实上，资产负债表衰退中信贷需求的停滞状况与早期霍特里（1913）提出的"信用僵局"类似，指的是降低利率不能刺激任何借贷活动。"信用僵局"通常出现在过度收缩的信贷政策使得大量企业崩溃的时候，霍特里将其形象地描述为"你可以把马牵到水边，但你不能让马喝水"，可以看出此处强调的仍然是信贷需求停滞的情况。此外，Kliesen 和 Tatom（1992）对20世纪80年代末90年代初美国"信贷紧缩"的分析表明，在经济衰退期间，企业产品销售的下降会导致存货的不断积累，进而使企业调整生产、减少新增项目和设备的投资，以减少过剩的存货积累，最终减少了信贷需求，并引发了信贷紧缩。

在"资产负债表衰退"分析框架下，经济波动具有"阴阳"周期性：①紧缩的货币政策或者自身过度膨胀导致资产泡沫破裂；②资产价格的暴跌使得企业资不抵债，进而迫使企业的经营模式从"利润最大化"转向"债务最小化"，经济陷入"资产负债表衰退"；③企业等私营部门信贷需求紧缩，货币政策失灵，政府依靠财政政策维持总需求；④企业逐渐完成债务偿还，"资产负债表衰退"结束，但是债务抵触情绪的持续使得利率仍将低迷，不过由于企业此后可以将原本偿还债务的资金用于投资，经济会逐渐回升；⑤企业的借贷抵触情绪逐渐消退，开始积极地借贷；⑥私营部门的资金需求恢复，货币政策起效，而财政预算赤字开始产生挤出效应；⑦货币政策取代财政政策成为经济的主要调控工具；⑧经济日趋繁荣，私营部门找回自信，恢复自信；⑨过度自信引发下一轮经济泡沫（见

[①] 辜朝明将企业的这种情形描述成患上了"债务抵触综合征"。

图 3-5)。其中，①~④阶段属于经济周期的"阴"极，而⑤~⑨阶段构成了"阳"极。"阴"极和"阳"极最主要的区别在于私营部门的财务状况，私营部门在"阳"极时资产负债表表现良好，信贷需求旺盛，资产价格高企；而在"阴"极时，面临资产价格暴跌带来的资产负债表问题，将会极力偿还和缩减债务以修复资产负债表（Koo，2008）。

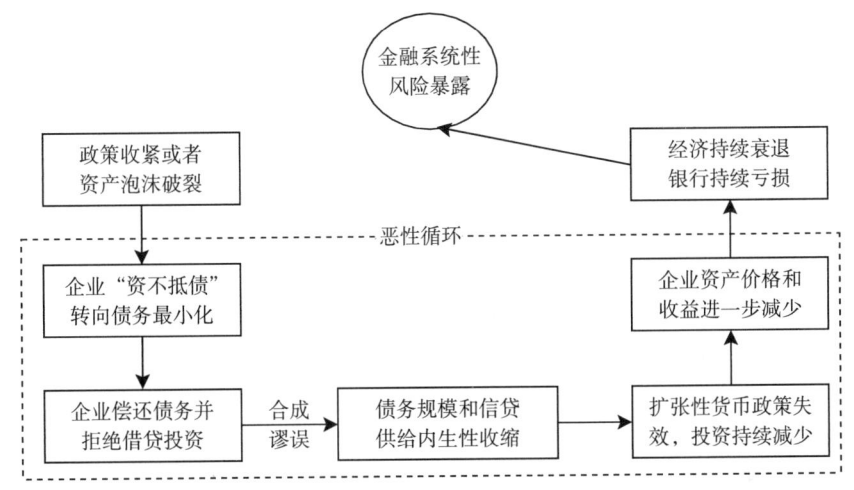

图 3-5　"资产负债表衰退理论"中债务波动影响金融稳定的机制

资料来源：笔者绘制。

从发生过程来看，辜朝明的"资产负债表衰退理论"和费雪的"债务—通缩理论"有着相同的要素，都包含有资产价格泡沫、过度借贷、价格紧缩、信贷紧缩等要素，但两者在实质上却存在着诸多不同。第一，两者虽然都以经济衰退作为分析的主要对象，但是辜朝明鲜明地指出企业此时的经营目标是"债务最小化"，而费雪默认了企业"利润最大化"的经营目标。第二，两者都以债务偿还作为出发点，但费雪认为企业的抛售行为造成的价格下跌才是问题的根源，价格的下跌造成了银行信贷供给的紧缩，而辜朝明则认为根源在于企业信贷需求的锐减。在辜朝明看来，费雪将偿债和抛售捆绑起来解释通货紧缩缺乏现实支持，因为日本虽然在 20 世纪遭受了长达十多年的衰退，企业偿债无法避免，但并没有发生过抛售现象,甚至连抛售发生的理由都找不到(Koo,2008)。第三,在政策建议上,费雪认为货币紧缩和价格下跌造成了通货紧缩,主张实施宽松的货币政策以让物价再膨胀[①];辜朝明则认为,经济衰退和通货紧缩的根源有两种:信贷供给方行为转变和信贷需求方行为转变,而在信贷需求不足造成的经济衰退和通货紧缩下,货币政策是无效的,应该实施积极的财政政策,以帮助企业获取利润偿还债务,进而摆脱经济衰退(Koo,2008)。

第五节 债务周期:一个新的综合解释机制

实体经济债务变化对金融体系风险的影响是个系统过程,既要考虑债务扩张阶段,也要考虑债务收缩阶段;既要考虑债务需求方的变化,也要考虑债务供给方的转变;既要考虑债务总量的变化,也要考虑债务结构的变化。考虑到实体经济债务扩张周而复始的出现以及金融危机的不断爆发,本节将借鉴费雪的"债务—通缩理论"、明斯基的"金融不稳定假说"、伯南克等的"金融加速器模型"、辜朝明的"资产负债表衰退理论"中关于实体经济债务波动影响金融体系稳定的解释,构建一个综合性的债务周期模型来解释实体经济债务变化对金融体系风险的影响机制(见图3-6)。

实体经济债务影响银行业系统性风险的综合债务周期模型包括三个关键要素:纵向演进——实体经济债务周期的波长、横向增速——实体经济债务周期的波幅和结构变化——实体经济债务周期的结构(朱太辉,2019)。具体而言:

[①] 要阻止这种衰退,费雪认为"只要把价格重新提高到债务余额刚开始收缩时的平均水平,然后把价格维持在这个水平不变"。(摘引自:Tvede L., *Business Cycles: History, Theory and Investment Reality*, New York: John Wiley & Sons, 2006)

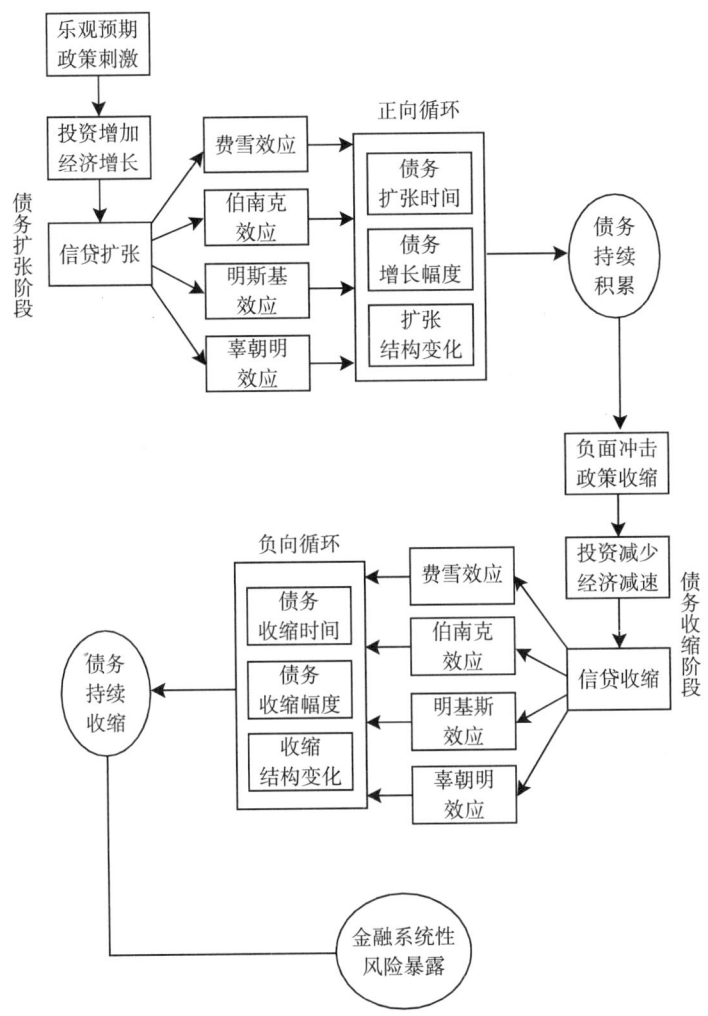

图 3-6　实体经济债务波动影响金融稳定的周期机制

资料来源：笔者绘制。

纵向演进——实体经济债务周期的波长，关注的是整个债务周期中债务扩张阶段持续时间和债务收缩阶段持续时间的长短对银行业风险的影响。伴随着债务的周期性波动，实体经济主体会经历"资产负债表膨胀—资产负债表受损—资产负债表修复"的反复循环。从前述已有理论分析可以看出，债务扩张阶段持续时间越长，实体经济主体资产负债表的膨胀程度越大，潜在的金融风险越大；债务收缩阶段持续时间越长，实体经济主体的资产负债表的修复时间越长，实体经济衰退和金融风险暴露越持久。

横向增速——实体经济债务周期的波幅，关注的是实体经济债务波动速度相对于GDP、国民收入变化速度的大小对银行业风险的影响。在债务扩张时间一定的情况下，实体经济债务增长速度相对于GDP、国民收入增长速度越大，债务周期的波峰越高，即实体经济债务周期扩张阶段越陡。根据明斯基的"金融不稳定假说"，实体经济融资结构从对冲性融资向投机性融资和庞氏融资转变的速度越大，蕴含的金融风险越大。相应地，在债务收缩时间一定的情况下，实体经济债务收缩速度相对于GDP、国民收入下降速度越大，债务周期的波谷越低，即实体经济债务周期收缩阶段越陡。根据费雪的"债务—通缩理论"、伯南克等的"金融加速器模型"，银行业系统性风险爆发的速度也会更快，冲击更大。

结构变化——实体经济债务周期的结构，关注的是实体经济债务规模在各部门、各行业的分布以及各部门债务的占比变化对银行业风险的影响。在债务扩张阶段，Borio等（2015）、彭文生（2017）等对信贷扩张结构效应的研究发现，实体经济的债务扩张具有较大的结构效应，由于房地产行业和基础设施行业具有较充分的抵押品，因此随着信贷扩张，这两个行业的债务规模占比和增长速度会上升，并对抵押物不足的制造业、R&D等行业的信贷融资产生挤出效应。[1] 国际货币基金组织在2018年4月发布的《全球金融稳定报告》中指出，信贷在不同行业、企业的不合理配置是金融体系脆弱性的重要来源（IMF，2018）。在债务收缩阶段，根据伯南克等的"金融加速器模型"，银行信贷收缩存在"质量逃亡效应"，即相对于大型企业，中小企业资产净值下降更快、抵押物不足更加明显，银行信贷

---

[1] Borio C.等基于发达经济体的研究表明，私营部门信贷相对于GDP每上升1个百分点，接下来五年之内整体生产率的增长下降0.08个百分点，其中有0.05个百分点是由劳动力向低生产率部门转移导致的。（Borio C. et al., "Labour Reallocation and Productivity Dynamics: Financial Causes, Real Consequeuces", BIS Working Paper, No.534, 2015）

会从中小企业转向大型企业,结果使得中小企业的信贷和债务融资收缩的幅度更大、速度更快,对应的银行信贷风险也会暴露得更大、更快。此外,正如本书第二章关于我国实体经济债务扩张的原因分析所指出的,在我国当前的经济金融体制下,企业部门的债务周期变化还存在较大的所有制差异,国有企业在债务扩张阶段的债务增长速度越快,民营企业在债务收缩阶段的债务下降速度越快。

第四章　实体经济债务周期与金融脆弱性的实证检验

本章旨在为前文构建的实体经济债务变化影响银行业风险的债务周期模型提供实证证据。为此，本章将在评析国内外债务周期（也称金融周期，Financial Cycle）实证研究缺陷的基础上，结合我国经济金融发展独特性选择债务周期构建指标，并优化债务周期识别方法的参数设计；测算近年来我国实体经济债务周期单个构成指标和综合周期指标的变化与特征，并分析这些变化和特征背后隐藏的金融系统性风险。

第一节　国内外债务周期实证评析

一、债务周期理论渊源

在现代经济体系中，实体经济的运作与金融体系之间有着密不可分的关系。但在宏观经济学的演进过程中，金融体系并没有像实体经济那样得到足够的重视。古典经济学早就开始对经济产出和商品价格波动的成因进行探索，形成了一系列的经济周期理论，而聚焦于信贷和资产价格波动的债务周期（金融周期）的研究并不常见。

债务周期在国外对应的英文表述是"financial cycle",在国内大多被直译为金融周期,但由于"financial cycle"的主要内容是债务规模变化以及债务在实体生产部门和房地产行业的配置,因此更合理的中文表述应该是债务周期(如无附加说明,后文所提及的债务周期等同于金融周期)。在早期的经济学研究中,债务周期等同于信贷周期(Credit Cycle)。早在1867年,约翰·密尔斯把信贷周期划分为四个阶段:崩溃阶段(恐慌时期)—萧条阶段(恐慌后时期)—活跃阶段(反弹时期)—兴奋阶段(投机时期),将信贷周期不同阶段与对经济活动的心理影响结合起来,尝试探讨了经济周期和债务周期的关联性(Niemira and Klein,1994)。但债务周期在经济学研究中的正式出现要晚很多,可以追溯到 Niemira 和 Klein(1994)的著作 *Forecasting Financial and Economic Cycles*。在该书中,Niemira 和 Klein 将债务周期划分为三个子周期:信贷周期(对资金的供给和需求)、货币周期(又称政策诱导周期)、利率周期(政策诱导、资金需求、信贷质量和通货膨胀期望因素的综合),给出了相应的理论解释和当时的实证方法,但并没有给出周期的具体定义,也没有将三个子周期合并成一个综合周期。

在"大萧条"以来的整个宏观经济学发展史上,特别是在第二次世界大战后的大部分时间里,由于主流的宏观经济学研究框架并没有很好地纳入金融因素,因此涉及"债务周期"的主流理论研究非常少见。信贷、债务等金融因素对经济波动和金融稳定的影响,大多是在金融危机史的研究中被论及(Kindleberger and Aliber,2015;Reinhart and Rogoff,2009)。在2008年国际金融危机爆发之前,虽有部分文献对金融因素与实体经济的关系进行研究,但相关研究主要是对信贷、股票价格、房地产价格等单个因素的运行规律进行分析,或是综合多个金融因素来构建金融危机的预警指标和进行宏观变量预测。如 Avouyi-Dovi 和 Matheron(2005)对传统经济周期和股票市场周期之间的关系进行了实证检验,发现除美国以外,其他样本国家的两个变量在短频率波段上并不存在显著的关联性,并且股市超额收益与货币市场利率之间也没有明显的联系。Borio 和 Lowe（2004）的研究认为，持续快速的信贷增长以及与之相伴的资产价格持续上涨是金融失衡的主要表现，而且金融失衡是爆发银行危机以及出现经济衰退的预警信号。English 等（2005）运用主成分分析法从大量金融变量中提取关键变量，进而用于对产出、通胀水平和投资等宏观经济变量的预测。

二、国外主要研究评析

在 2008 年国际金融危机之后，作为危机反思的产物，债务周期逐渐步入主流宏观经济学家的视野，相关研究增多。尽管已有研究在债务周期的定义上还没有达成共识，但根据国际清算银行（BIS）在 2008 年国际金融危机后的持续研究，债务周期大体是指价值认知和风险认知之间、风险偏好和融资约束之间自我加强的交互作用，进而演变成金融的繁荣与萧条；这些交互作用会放大经济波动，并可能会导致严重的金融困境和经济失调（Borio，2012）。由此可以看出，债务周期与金融体系的"顺周期性"概念紧密联系（Borio et al.，2001；Danielsson et al.，2004；Kashyap and Stein，2004；Brunnermeier et al.，2009；Adrian and Shin，2010）。事实上，逆周期资本监管政策的制定出台正是建立在金融体系顺周期性和债务周期实证研究的基础上（Drehmann et al.，2010；Giese et al.，2012；Drehmann and Tsatsaronis，2014）。

在实证方法上，近年来国外关于债务周期最为常用的研究方法是选取多个具有代表性的金融变量，如信贷、房地产、股票价格或是广义信贷/GDP 等，通过带通滤波法（Band-Pass Filter，即 BP 滤波法）或是转折点法（Turning-Point Analysis）等研究传统经济周期的实证方法，对单变量的周期波动进行分析。在此基础上构建综合性的债务周期，对债务周期的长度、波动幅度等特征进行描述，进而考察其与实体经济以及金融危机之间的关系。在这方面，代表性的研究有：

Claessens 等（2011）选取信贷、房价和股票价格作为构建债务周期的指标，利用转折点法对 21 个发达国家 1960 年至 2007 年的数据进行了实证分析，分析结论认为债务周期相对经济周期持续期更长，在不同国家之间具有较高的同步性，并且其中信贷、房地产等组成部分具有相互增强的作用。

Drehmann 等（2012）综合运用转折点法和带通滤波法对 7 个发达国家的信贷、信贷/GDP、房地产价格、股票价格、综合资产价格指数等变量的波动情况进行了考察，最终选择广义信贷、广义信贷/GDP 以及房地产价格作为来构建债务周期的"最小一揽子指标"。其分析结论认为，债务周期以中期波动为主，且长于传统经济周期，其波幅和周期长度在 1985 年之后呈现扩大的趋势；如果经济周期的衰退期与债务周期的紧缩期相重叠，那么经济衰退的程度将更为严重，并且系统性银行危机多发生在债务周期的峰值时期。此外，该论文认为研究债务周期对于政策制定者具有重大意义，即如果忽视债务周期而进行盲目的宏观调控，结果很可能是短期内可以缓解危机，但中长期仍将面临更为严重的衰退。

Borio 等（2012）则对危机后债务周期的研究文献做了一份较为全面的文献评述，总结了债务周期的五个典型特征：第一，债务周期可以通过信贷和房地产价格来简洁描述；第二，债务周期的频度比传统经济周期低得多；第三，债务周期的波峰之后通常会紧跟着金融危机；第四，债务周期有助于前瞻性地识别金融困境；第五，债务周期的长度和波幅取决于一国的货币金融制度和实体经济制度。Borio 等（2012）在此基础上分析构建了债务周期模型面临的调整，以及处理金融繁荣和金融萧条的政策选择等。

总体而言，目前国外有关债务周期的文献多停留于运用研究传统经济周期的方法对债务周期进行实证分析，进而得到有关债务周期的特征事实。其存在的问题或是不足主要体现在两个方面：一是现有关于债务周期的研究缺乏理论基础，这与当前主流宏观经济学还未能构建包含金融因素的成熟模型相关，缺乏理论基础导致多数研究仍处于就事论事的阶段，到底用什么变量来衡量债务周期,以及如何将研究结论运用于指导政策制定等问题均没有明确的答案。二是受到实证研究方法局限性的影响,多数研究得到的有关债务周期的特征事实严格意义上仅适用于样本国家,由于不同国家的经济金融体制和指标数据存在较大差异,所以基于同样方法可能得出不同的结论。换言之,通过有限样本实证研究得出的债务周期特征不应被视为适用所有国家的普适性特征,已有的指标选取和实证方法并不是"放之四海而皆准"。此外,在债务周期的构建上,国外研究普遍采取的是简单平均加总法,对广义信贷、广义信贷/GDP以及房地产价格三方面的指标进行综合。现有研究并没有对这种加总方法给出相应的理论解释,其合理性有待进一步论证。

三、国内主要研究评析

2008年金融危机之后,国内学者参照国外研究的指标和方法,运用中国的数据,对中国的债务周期进行了实证分析(伊楠和张斌,2016;范小云、袁梦怡和肖立晟,2017;马勇、张靖岚和陈雨露,2017;彭振江和杨李娟,2017)。这些研究在指标选择、方法运用上各不相同,所得结论也存在较大差异。

1. 指标选取方面

国内已有研究参照BIS经济学家的研究,大多选择了广义信贷、广义信贷/GDP以及房地产价格三个方面的代表指标,但在具体的指标选择上存在差异。在房地产价格指标上,伊楠和张斌(2016)为获得较长时间的样本数据,选择了国房景气指数。但国房景气指数包含了除商品房价格以外的关于房地产开发投资、资金来源、土地转让收入、土地开发面积等多项指标,涵盖了大量与资产价格不完全等同的变量信息。在信贷指标上,彭振江和杨李娟(2017)选择了贷款增速和银行表内贷款余额/GDP,没有考虑非银行信贷;伊楠和张斌(2016)以及范小云、袁梦怡和肖立晟

(2017)选择了 BIS 公布的私营部门信贷作为构建中国债务周期的指标之一，没有考虑政府部门债务。马勇、张靖岚和陈雨露（2017）对债务周期的构成因子进行了扩展，将房价、股价、银行利差、金融杠杆率、长期风险溢价、货币供应量、社会融资规模和资本流动八个金融变量合成为金融周期（债务周期）指数，有利于捕捉更多信息和克服建模时的变量多重共线性问题，但由于未对这些变量的周期成分进行提取处理，合成指数适宜作为金融体系稳定性的一个衡量指标，是否可以用于刻画金融周期（债务周期）还有待进一步验证。

2. 实证方法方面

在对中国债务周期的测量上，国内相关研究采用了国外研究广泛使用的带通滤波法和转折点法，但大都没有根据中国的宏观经济环境和金融体系的实际情况对具体的参数设置进行相应的调整。一些研究在应用带通滤波法时，直接采用了分析国外发达国家经济周期的经验值设置，如将短周期的周期参数上限设定为 32 个季度；在应用转折点法时，直接采用 Drehmann 等（2012）研究的参数设计，将中周期最小长度设置为 40 个季度。笔者经过比较考察后发现，Drehmann 等（2012）在应用转折点法时设置的中周期最小长度为 5 年，只是在转换为季度数时由于笔误写成了 40 个季度（应为 20 个季度）。但无论如何，这样的参数设计是否适合中国的经济金融制度环境和符合近些年来中国经济金融发展实践，还有待深入推敲。此外，一些研究仅采用了带通滤波法对变量的周期性波动进行分析，分析结果并不充分。因为带通滤波法无法精确判断周期转折点（波峰、波谷）的位置，尤其是在进行短频率波段分析时，难以根据波形对于周期的持续期和波幅等特征进行描述。

3. 理论机制方面

与国外相关研究类似，国内关于金融周期的研究在实证分析之前，也大都没有进行相关理论分析，使得指标选取和实证分析结果缺乏必要的机理支撑。从理论机制上分析，国外研究选择了广义信贷、广义信贷/GDP

以及房地产价格三个方面的指标来构建金融周期，背后的逻辑是金融周期的波动要兼顾广义信贷总量和广义信贷结构（即信贷资金在实体经济中的使用与在金融交易活动中的使用）：金融体系发放的信贷总量，一部分流向了实体部门投资生产，也就是参与生产GDP，因此要选择广义信贷/GDP这一指标；另一部分流向了金融体系，用于股票、房地产等金融资产投资交易。这类似于考虑了金融交易分流的货币交易方程：

$$CV=P_1Y+P_2F \tag{4-1}$$

其中，C为广义信贷；V为广义信贷流转速度；P_1为一般物价水平；Y为实体经济真实产出规模；P_2为金融资产的名义价格；F为金融资产的数量（王磊和朱太辉，2016）。由于股票价格是高频变化指标且其波动与信贷扩张的关联性不强，而房地产抵押是缓解融资约束的重要方式，其价格波动与信贷扩张具有较强的互动性（Borio，2012），因此选择房地产价格作为广义信贷流向金融资产投资交易的代理指标。

第二节　中国债务周期的实证设计

一、研究方法的优化调整

为实现相互验证，避免采用单一方法可能出现的误差和偏见，笔者将同时采用带通滤波法和转折点法两种方法对中国的债务周期进行实证分析。

1. 带通滤波法

金融体系的周期性波动由短期波动和中长期波动综合构成，为了分析短期波动和中长期波动对于我国债务周期波动的影响，本章将同时分析债务周期构成指标、综合指标的短周期和中周期。参照国外相关研究（Borio，

2012）以及中国实际情况，本节采用了 CF 带通滤波法（Christiano and Fitzgerald，2003）来提取变量不同频段的周期波动成分。其中，短周期的参数设置为 5~24 个季度，中周期的参数设置为 24~77 个季度。

关于金融中周期的上限，国内相关研究显示中国债务周期的单个指标和综合指标的中周期长度均低于 77 个季度，但考虑到我国样本数据时序长度可以达到 77 个季度，因此将中国债务周期中周期的上限设置为 77 个季度比较合理。关于金融短周期的上限，本节将参考国际做法，将经济周期作为金融短周期参数设计的参考标准。对我国 GDP 进行 BP 滤波处理的结果也显示我国的经济周期为 4~6 年，因此将金融短周期上限设置为 24 个季度。

2. 转折点法

转折点法在传统经济周期的研究中被广泛应用，主要用于识别时间序列周期中的波峰和波谷。具体而言，转折点法是通过相应参数设计，在以某一时点为中心的特定窗口中寻找局部最大值和最小值，同时得到的转折点需要满足一定的规则，即周期（两个连续波峰或是波谷之间的距离）以及扩张（波谷到波峰）、收缩（波峰到波谷）阶段的持续期超过设置的最低值，且波峰与波谷交替出现等。与国内现有研究直接参考国外研究的参数设计不同，本节参考 Harding 和 Pagan（2002a，2012b）的优化处理，并结合对中国经济周期的测算，对转折点法的参数设计进行了调整。具体参数设置如下：对于短周期，特定窗口为 5 个季度，周期最低持续期为 5 个季度，扩张或收缩阶段的最低持续期为 2 个季度；对于中周期，特定窗口为 9 个季度，周期的最低持续期为 24 个季度，扩张或收缩阶段的最低持续期为 2 个季度。

二、周期指标的分析选取

目前，国内外研究在构建债务周期的指标上并没有达成共识，但其中都包括非金融部门信贷和房地产价格两项指标。事实上，描述债务周期也可以选用其他指标，如高风险负债与低风险负债之间的利差、金融企业的表现（利润、核销规模、不良贷款等）以及其他衡量杠杆率和违约率的指标（Borio，2012；Drehmann et al.，2012；马勇等，2017）。但由于数据的可获得性与时序长度等客观原因，以及指标选取在稳定性上的"最小一篮子"原则，这些指标并没有被用于债务周期的实证分析（Borio，2012）。至于股票指数是否应被用于构建债务周期，目前学术界存在较大分歧，笔者认为应该结合样本国家的具体情况进行取舍。

就中国而言，虽然近年来股权融资在社会融资总量中占比有所提升，但总体仍处于较低水平。多数年份，非金融企业境内股票当年融资额占当年社会融资规模的比例仅为2%~3%，即使在市场行情高涨的2007年达到历史峰值，也仅为7.3%。此外，有研究显示，中国股票价格与信贷、房地产等构建债务周期的主要指标协同性较差，不适宜纳入合成债务周期的综合变量（范小云、袁梦怡和肖立晟，2017）。基于对债务周期指标选取理论逻辑的理解，结合中国的实际情况，并充分考虑数据的可获得性和时序长度，笔者选取广义信贷、广义信贷/GDP以及房地产价格三项指标作为构建中国债务周期的具体指标。指标的样本数据来源于Wind数据库和CEIC数据库。

广义信贷指标的口径包括了银行信贷、委托贷款、信托贷款、非金融企业发行的各类债券（企业债、公司债、中期票据、短期融资券、可转债、可分离债等）、资产证券化余额等。该指标克服了当前国内文献所选用的私营部门信贷存在的缺陷，能更好地衡量实体经济部门的债务情况和杠杆程度。

笔者选择国家统计局按月度公布的商品房累计平均销售价格作为房地产价格的代理变量，用于衡量广义信贷资金流向金融资产交易的情况。之所以选择房地产价格作为构建债务周期的指标之一，主要是因为房地产独特的金融资产属性，以及其连接实体经济和金融体系的纽带作用。一方面，房地产和信用扩张往往联系在一起，是货币信用周期传导机制的重要部分（彭文生，2017）。在中国，商业银行直接与房地产相关的信贷规模（含房地产开发贷款和个人住房按揭贷款）占信贷总额的20%~30%，如果加上以房地产作为抵押物的银行信贷以及以个人住房按揭贷款为基础资产发放的证券，金融体系与房地产的关联度将进一步上升。另一方面，房地产是国民经济的支柱产业，具有系统重要性，其通过拉动房地产建筑业以及上下游关联行业的投资以及居民住房消费，影响经济增长。正是基于以上原因，笔者认为房地产价格可以作为资产价格的代表，被纳入构建债务周期的变量之一。

在衡量广义信贷资金流向实体经济方面，笔者选取广义信贷/GDP作为代理变量。在构建广义信贷/GDP指标时，GDP数据由相应时点之前四个季度的GDP数据移动相加得到。BIS曾对GDP增速、广义信贷增速、广义信贷/GDP、股票价格、房地产价格等多项宏观经济金融变量与全球和地区危机的关系进行研究，结果表明广义信贷/GDP是用于衡量一国实体经济的杠杆程度、判断金融体系的系统性风险积累情况的最佳指标（Drehmann et al., 2010）。正因如此，巴塞尔银行监管委员会（BCBS）在指导各国构建逆周期资本框架时，将广义信贷/GDP作为主要参考指标，通过广义信贷/GDP与其长期趋势值的偏离度来确定是否需要计提逆周期资本以及计提的水平。

三、样本数据的量纲处理

以上变量均为名义季度值，数据样本区间为1998年第一季度至2018年第一季度。笔者用当期CPI指数对广义信贷和房屋销售价格两个变量进行处理，再对得到的实际值取对数。在此基础上，笔者采用相关变量的同比增长率来研究周期波动，数据样本区间变为1999年第一季度至2018年第一季度。这样处理主要是考虑样本数据时序较短，且个别变量（如广义信贷）在样本区间几乎处于持续上升的态势，对变量绝对值进行分析在技术和操作上存在困难，难以有效识别周期的转折点。此外，为了与债务周期进行对比，以及为债务周期实证分析的参数设置提供依据，笔者同时选择实际GDP的季度数据为样本，对中国的经济周期进行分析。

第三节 中国债务周期的实证检验

一、债务周期单个指标实证分析

根据Drehmann等（2012）对于债务周期长度的判定，笔者将两个连续波峰之间的持续期界定为一个周期。① 图4-1、图4-3、图4-5、表4-1展示了转折点法识别的单个债务周期指标的短周期波峰和波谷（以"●"标注）、中周期的波峰和波谷（以"▲"标注）。其中，中周期转折点为短周期转折点的子集，两者重合时点仅标注了中周期的识别符号"▲"。图4-2、图4-4、图4-6显示了BP滤波法下生成的单个债务周期指标的短周期和中周期波形。对比可以看出，两种方法所识别的单变量转折点基本一致。

为消除单一方法所得结论可能存在的偏误，本节利用两种实证方法对各个变量的周期性特征，如周期、扩张期和收缩期的持续时间以及扩张期和收缩期的波动幅度等，进行交叉验证（见表4-2）。

---

① 根据Drehmann等（2012）对于债务周期的定义，可以将两个连续的波峰或者波谷的持续期定义为一个周期。

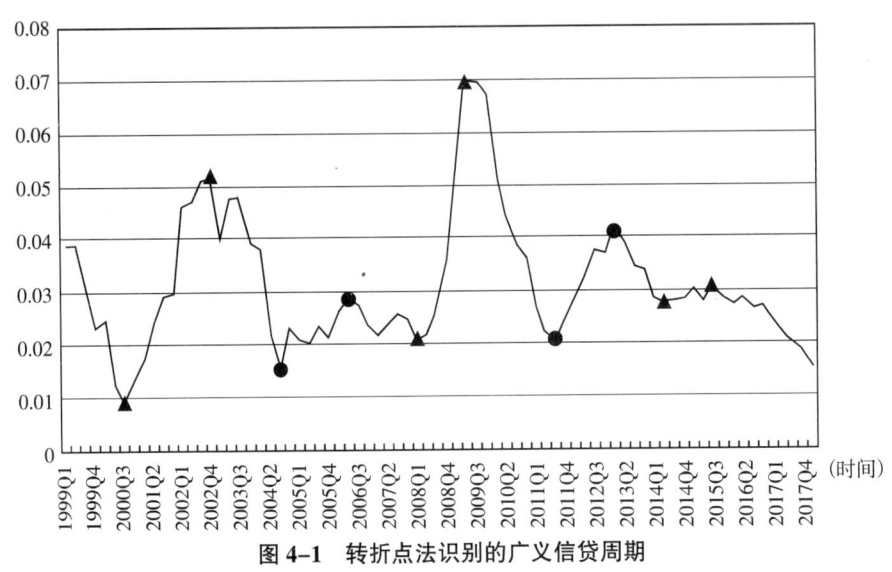

图 4-1 转折点法识别的广义信贷周期

注：数据为广义信贷同比增速。

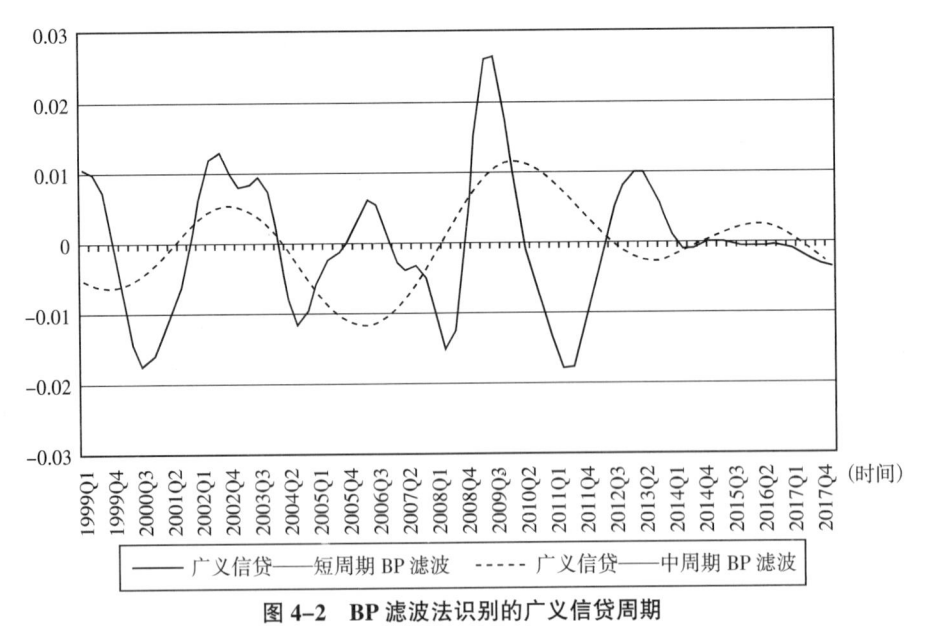

图 4-2 BP 滤波法识别的广义信贷周期

注：数据为广义信贷同比增速。

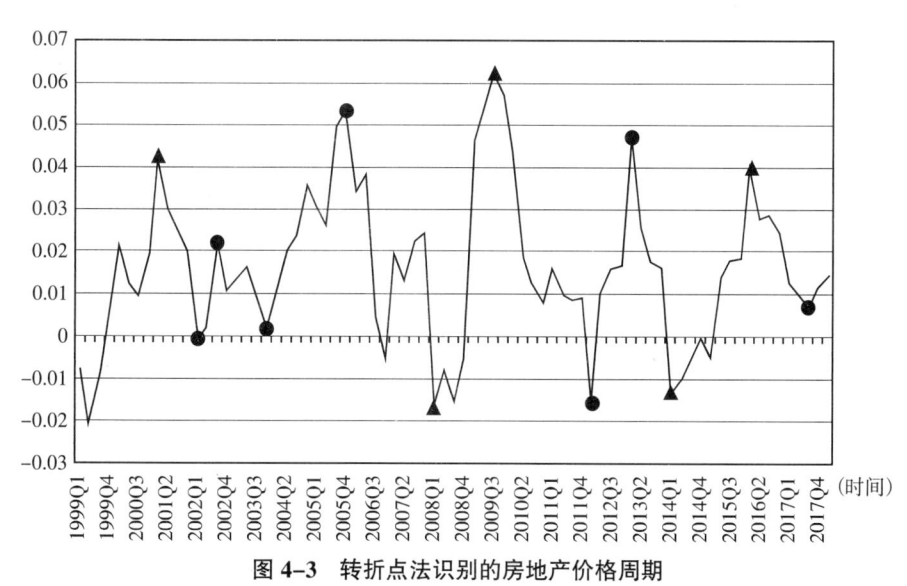

图 4-3 转折点法识别的房地产价格周期

注：数据为房地产价格同比增速。

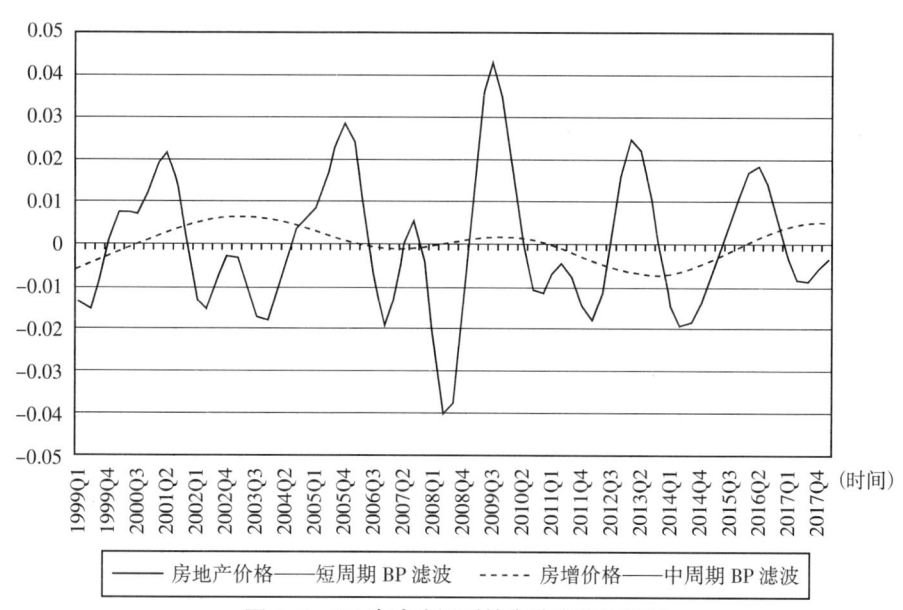

图 4-4 BP 滤波法识别的房地产价格周期

注：数据为房地产价格同比增速。

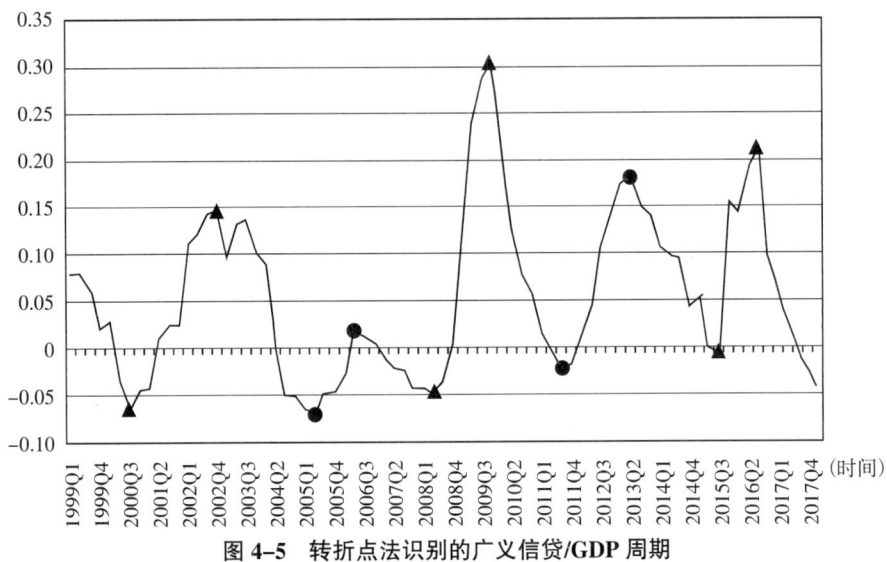

图 4-5　转折点法识别的广义信贷/GDP 周期

注：数据为广义信贷/GDP 同比增速。

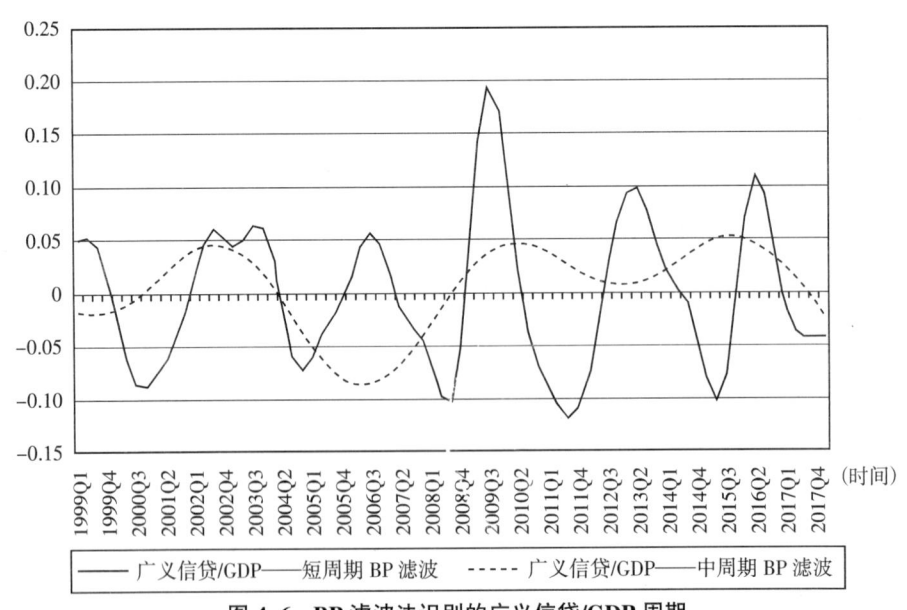

图 4-6　BP 滤波法识别的广义信贷/GDP 周期

注：数据为广义信贷/GDP 同比增速。

表 4-1 转折点法识别的单变量波峰与波谷

变量名称	短周期 波峰	短周期 波谷	中周期 波峰	中周期 波谷
广义信贷	2002Q4, 2006Q2, 2009Q2, 2013Q1, 2015Q3	2000Q3, 2004Q3, 2008Q1, 2011Q3, 2014Q2,	2002Q4, 2009Q2, 2015Q3	2000Q3, 2008Q1, 2014Q2
房地产价格	2001Q1, 2002Q3, 2005Q4, 2009Q3, 2013Q1, 2016Q1	2002Q1, 2003Q4, 2008Q1, 2012Q1, 2014Q1, 2017Q3	2001Q1, 2009Q3, 2016Q1	2008Q1, 2014Q1
广义信贷/GDP	2002Q4, 2006Q2, 2009Q4, 2013Q2, 2016Q3	2000Q3, 2005Q2, 2008Q2, 2011Q3, 2015Q3	2002Q4, 2009Q4, 2016Q3	2000Q3, 2008Q2, 2015Q3

表 4-2 单变量短周期与中周期的特征

变量名称		短周期 收缩阶段	短周期 扩张阶段	短周期 周期长度	中周期 收缩阶段	中周期 扩张阶段	中周期 周期长度
广义信贷	持续时间（季度）	6	5	12	13	9	27
广义信贷	波动幅度（%）	−205.24	210.93	—	−214.16	201.73	—
房地产价格	持续时间（季度）	5	5	11	17	8	29
房地产价格	波动幅度（%）	−108.01	197.23	—	−288.25	356.82	—
广义信贷/GDP	持续时间（季度）	8	6	13	18	10	28
广义信贷/GDP	波动幅度（%）	−212.94	206.49	—	−193	239.04	—

从短周期的实证结果看，广义信贷、广义信贷/GDP 和房地产价格三个指标在观测期内均经历了多个短周期，周期长度在 11 个季度至 13 个季度之间（3~4 年），低于中国经济周期的长度（4~6 年）。其中周期最长的为广义信贷/GDP（13 个季度），最短的为房地产价格（11 个季度）。收缩阶段的持续时间与扩张阶段的持续时间基本持平（5~8 个季度）。但在波动幅度方面，广义信贷和广义信贷/GDP 两个指标在短周期收缩阶段和扩张阶段的波动幅度基本相同，均为 200% 左右；而房地产价格短周期中上涨多、下跌少，扩张阶段的波动幅度为 197.23%，明显高于收缩阶段的波

动幅度–108.01%。

从中周期的实证结果看,单一周期指标在中周期频率上均至少经历了一个周期,周期长度在27个季度至29个季度之间(6~8年),略长于中国经济周期。其中,周期最长的为房地产价格(29个季度),最短的为广义信贷(27个季度)。三个变量中周期的收缩阶段为13~18个季度,均明显长于扩张阶段8~10个季度的长度。除了广义信贷外,房地产价格与广义信贷/GDP两个周期指标收缩阶段的波动幅度均小于扩张阶段的波动幅度。

参考Drehmann等(2012)根据短周期和中周期相对波动大小来确定短、中周期谁占主导的方法,笔者分别计算了三个周期指标短周期(5~24个季度)和中周期(24~77个季度)在BP滤波法下得到的波动成分的标准差,并计算了两者的比值。结果显示,广义信贷、房地产价格和广义信贷/GDP三个变量短周期和中周期的相对波动性分别为1.58、4.10和1.74。这表明,三个周期指标短周期的波动均较中周期波动更为剧烈。

二、债务周期合成指标实证分析

与对单个周期指标的实证分析类似,笔者采用了带通滤波法和转折点法对中国债务周期的合成指标进行分析。具体处理方法如下:在带通滤波法下,笔者通过对广义信贷、房地产价格和广义信贷/GDP三个变量短周期和中周期的BP滤波结果分别取平均值,得到中国债务周期的短周期、中周期成分。

在转折点法中,笔者参考Drehmann等(2012)的方法,先计算单个周期指标在各时点距离其最近波峰(波谷)的距离(以季度数量表示),并取三个指标相应数据的中值,再通过寻找中值序列中的最小值来确定债务周期的波峰(波谷)。笔者对于该方法进行了改进,若合成债务周期的3个指标中有2个或2个以上在以某一时点为中心的特定窗口(窗口宽度为3个季度)内达到波峰(波谷),则将以该窗口的中心位置所处的时点

第四章 实体经济债务周期与金融脆弱性的实证检验

作为债务周期的波峰（波谷）。与此同时，作为债务周期的转折点还需要满足以下两个条件：一是波峰与波谷交替出现，如果通过此方法识别出债务周期存在多个连续波峰（波谷），笔者选择距离三个单个指标波峰（波谷）平均距离最小的时点作为债务周期的转折点；二是单个周期指标在以债务周期波峰（波谷）时点为中心的特定窗口（前后6个季度）内，存在波峰（波谷）。

图4-7和图4-8为基于带通滤波法得到的中国债务周期短周期（5~24个季度）和中周期（24~77个季度）的波动情况，以及与中国经济周期的对比。从中可以看出，无论是短频率波段或是中频率波段，中国债务周期都与经济周期呈现峰谷交错的状态。在图4-7和图4-8中，笔者用不同的符号标记了转折点法得到的债务周期的波峰（以"▲"标注）和波谷（以"●"标注）。从图中可以看出，基于带通滤波法得出的短周期频率结果与转折点法得出的结果比较接近，而通过带通滤波法得出的中周期频率结果与转折点法得出的结果存在一定偏差。

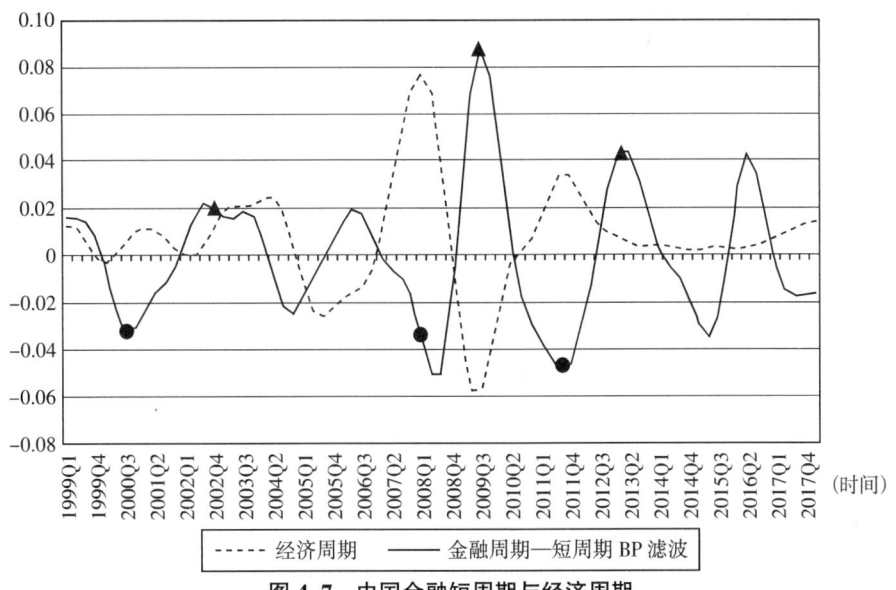

图4-7 中国金融短周期与经济周期

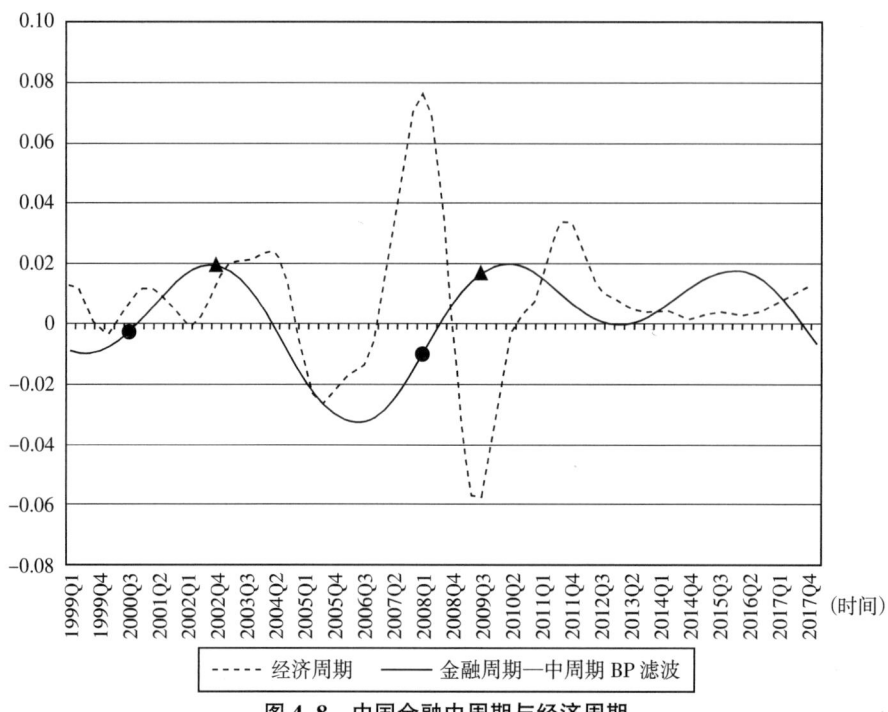

债务、风险与监管——实体经济债务变化与金融系统性风险监管研究

图 4-8 中国金融中周期与经济周期

从周期的特征看,中国债务周期短周期的长度为 20 个季度,与中国经济周期基本相同(4~6 年);收缩阶段的持续期为 14 个季度,长于扩张阶段 6 个季度的持续期,且波动幅度更大(见表 4-3)。中国债务周期中周期的长度为 28 个季度,略长于中国经济周期;收缩阶段的持续期为 16 个季度,长于扩张阶段(10 个季度)的持续期,但收缩阶段的波动幅度小于扩张阶段。这与国外研究的实证结果存在明显差异,其他主要国家的债务周期都是扩张期持续时间较长,达到波峰后遭遇金融危机或金融困境而迅速下滑,收缩期的时间较短。[①]

---

① 这种差异的背后,既有经济金融发展的因素,也与宏观调控和金融监管的前瞻性和有效性紧密相关,详见后文分析。

表4-3 中国债务周期特征

变量名称		短周期			中周期		
		收缩阶段	扩张阶段	周期长度	收缩阶段	扩张阶段	周期长度
债务周期	持续时间（季度）	14	6	20	16	10	28
	波动幅度（%）	−237.8	213.5	—	−194.17	225.56	—

三、单个周期变量的协同性分析

为了进一步分析债务周期三个组成指标之间的关系，笔者参考Harding 和 Pagan（2002b）的方法，构建一致性指数来考察三个指标相互之间的协同性。在 t = 1，2，3，…，T 内，变量 X 与变量 Y 之间的一致性指数为 ρ_{XY}，具体计算方法为：

$$\rho_{XY} = \frac{1}{T} \sum_{t=1}^{T} [\rho_t^X \times \rho_t^Y + (1 - \rho_t^X) \times (1 - \rho_t^Y)] \tag{4-2}$$

其中，ρ_t^X 取值为 0，表明指标 X 处于收缩阶段；ρ_t^X 取值为 1，表明指标 X 处于扩张阶段；ρ_t^Y 取值为 0，表明指标 Y 处于收缩阶段；ρ_t^Y 取值为 1，表明指标 Y 处于扩张阶段。由此可知，一致性指数计算的是两个周期指标处于相同阶段（扩张期或是收缩期）的时间占样本总时间的比重。一致性指数越趋向于 1，表明两个周期指标的同步性越高；一致性指数越趋向于 0，表明两个周期指标的同步性越低。

按照以上方法，笔者计算了广义信贷、房地产价格和广义信贷/GDP三个周期指标在短周期和中周期的一致性指数（见表4-4）。从短周期的结果看，广义信贷与广义信贷/GDP的同步性较高，达到了0.79。这表明，在样本区间内，广义信贷与广义信贷/GDP约有79%的时间处于相同阶段。广义信贷、广义信贷/GDP与房地产价格之间的同步性也不低，分别为0.68 和 0.55。这表明，广义信贷、广义信贷/GDP与房地产价格在一半以上的样本区间内处于相同阶段。

表4-4 单变量的一致性指数（短周期）

短周期	广义信贷	房地产价格	广义信贷/GDP
广义信贷	1	0.68	0.79
房地产价格	0.68	1	0.55
广义信贷/GDP	0.79	0.55	1

从中周期的结果看（见表4-5），广义信贷与广义信贷/GDP的同步性与短周期基本相同，一致性指数为0.78。同时，广义信贷、广义信贷/GDP与房地产价格之间的同步性明显更高，分别为0.78、0.70。出现这一结果的主要原因在于，房地产市场的逆周期政策调控降低了短期内广义信贷与房地产价格之间的波动同步性，但政策效果随着时间的推移而弱化，广义信贷与房地产和价格之间的波动性随之增强。

表4-5 单变量的一致性指数（中周期）

中周期	广义信贷	房地产价格	广义信贷/GDP
广义信贷	1	0.78	0.78
房地产价格	0.78	1	0.70
广义信贷/GDP	0.78	0.70	1

第四节 中国债务周期的结果分析

本章较为系统地梳理分析了当前国内外债务周期实证研究在指标选取、实证设计和理论解释等方面存在的困难与不足，为该领域研究下一步发展塑造了一个较好的基础和起点；根据我国经济金融体系的制度特征和发展实践，选择广义信贷、广义信贷/GDP以及房地产价格作为债务周期的构建指标,在实证方法上对甄别周期的转折点法和带通滤波法的参数设置进行优化调整,提高了我国债务周期实证研究的合理性和有效性。在此基础上,本章对我国债务周期进行了实证分析和交叉检验。

实证结果表明,我国债务周期的短周期长度为 5 年左右,与我国经济周期基本相同(4~6 年),且收缩持续时间明显长于扩张持续时间;我国债务周期的中周期长度为 7 年左右,略长于我国经济周期,但收缩持续时间仍明显长于扩张持续时间;相对于债务周期短周期,债务周期中周期的波动幅度更小。这与国外研究的实证结果存在明显差异,其他主要国家的债务周期都是扩张持续时间较长,达到波峰后遭遇金融危机或金融困境而迅速下滑,收缩持续时间较短。

上述实证结果的政策启示是:

第一,在观察期内(1998 年第一季度至 2018 年第一季度),我国债务周期的短周期与国家金融调控政策导向高度吻合。根据 BP 滤波法识别的金融短周期结果,进入 21 世纪以来,我国共出现了五次金融短周期:2000 年第三季度至 2004 年第四季度、2005 年第一季度至 2008 年第二季度、2008 年第三季度至 2011 年第三季度、2011 年第四季度至 2015 年第二季度、2015 年第三季度至 2017 年第四季度。将金融短周期与国家金融调控政策结合起来分析发现,金融短周期的变化与国家金融调控政策的转变紧密相关(见附表 2)。

第二,我国金融周期(尤其是短周期)与经济周期呈现出了明显的谷峰交错现象,我国的金融调控政策为平抑经济周期的大幅波动起到了关键作用。这是因为中国的货币政策和金融监管当局总体上遵循了相机决策的"逆风向"政策调整模式:当经济周期处于下行阶段,政策当局通过货币信贷的扩张性政策拉动经济企稳回升,金融周期由此进入扩张阶段;当经济周期处于过热阶段,政策当局则通过货币信贷的紧缩性政策抑制经济过热,金融周期由此进入收缩阶段。此外,利用金融短周期数据与经济短周期数据进行的格兰杰因果检验表明,我国的金融短周期与经济短周期之间互为对方的格兰杰原因。由于我国的金融调控和监管部门承担着引导金融机构服务实体经济和防控金融风险的双重任务，在政策调控和监管实践中，需要同时兼顾支持实体经济稳定增长和维护金融体系稳定运行，除了采取一些结构性的货币政策和金融监管措施之外，还会借助结构性财税、产业政策的支持。

第三，相对于金融短周期主要反映金融体系的短期波动变化，金融中周期更能体现金融系统性风险的变化情况。我国金融中周期与西方发达国家存在显著差异：持续期为7年左右，[①] 显著低于西方发达国家；波动幅度相对短周期要小，而西方发达国家的短周期波动幅度小于中周期；收缩期的持续时间长于扩张期，而西方发达国家的金融中周期恰恰相反。根据Drehmann等（2012）的研究，美、英、日等西方发达国家的金融中周期长度为10~20年，而且波动幅度远大于短周期的波动幅度。由此可以推断，我国通过主动调整金融调控政策，降低了金融体系的中长期波动程度，以及债务周期的断崖式收缩及其对实体经济造成的冲击。由于观察期的数据序列相对较短，该推断在未来的正确性还有待跟踪检验。

第四，从历史经验来看，我国主动进行金融调控的工具是多样的，包括货币政策、信贷政策、监管政策、房地产政策、产业政策等。这表明，要进行有效的金融调控和对债务周期进行有效管控，不能仅依赖货币政策和金融监管，必须统筹考虑各方面政策的作用，做好政策协调。金融监管应该是系统性的，而不是割裂的（Haldane，2015）。

第五，依赖持续的信贷扩张刺激经济较快增长的模式难以持续，因为这样的金融扩张是以牺牲资源配置效率为代价的（Borio et al.，2015；彭文生，2017），短期内虽然可以维持经济的平稳增长，但长期看会导致金

---

① 由于对BP滤波法或转折点法的参数设计不同，或者债务周期的构建指标选择不同，国内一些研究得出的金融中周期的持续期为10~15年。

融风险不断积累。①服务实体经济是金融体系发展的根本目标，管控风险是金融体系发展的立身之本，两者相辅相成，需要注重动态平衡。如果一味地强调金融服务实体经济，通过金融扩张来缓解经济下行压力，那么金融发展带来的只能是金融资源的持续错配和金融风险的持续积累，最终不但不利于实体经济的平稳较快增长，反而增加金融体系的风险防控压力。换言之，信贷扩张和金融发展要建立资源优化配置的基础上，否则金融发展将成为宏观经济波动的放大器和金融不稳定的根源（Borio，Furfine and Lowe，2001）。

此外，国内外经验表明，对债务周期的调控能力和系统性金融风险的防控能力不仅取决于中央政府对相关政策的统筹协调，而且还取决于金融体系的健康程度。由于债务周期的上行期通常是系统性风险的积累期，债务周期的下行期通常是风险的释放期，金融机构的风险管理和抵御能力、相关部门的监管能力就成为金融体系能否平稳度过债务周期的关键所在。

2017年7月召开的全国金融工作会议提出，金融体系发展要协调推进服务实体经济、防控金融风险和深化金融改革三大任务。2017年12月召开的中央经济工作会议提出，创新和完善宏观调控，在防范化解重大风险方面取得扎实进展，货币政策要保持稳健中性，管住货币供给总闸门，保持货币信贷和社会融资规模合理增长，促进多层次资本市场健康发展，更好地为实体经济服务，守住不发生系统性金融风险的底线。这些政策决策与本章关于我国金融周期与经济周期关系的实证结果是一致的，为促进金融体系健康发展和防范化解债务周期变化中的风险指明了方向。

---

① 这一点已得到众多研究的支持，IMF（2004）对新兴市场国家的研究表明，信贷激增一般伴随着经济衰退和银行危机；Drehmann等（2012）的研究发现，20世纪80年代之后，经济危机爆发的时点多与债务周期的峰值相重合，并且金融扩张虽然能在短期内缓解经济下行的压力，但长期来看反而可能导致更为严重的经济衰退。(Drehman et al., "Characterising the Finanical Cycle: Don't Lose Sight of the Medium Term!", BIS Working Paper, No.380, 2012)

第五章　基于实体经济债务的系统性风险监管改进

根据明斯基的"投资的融资理论"以及"金融不稳定假说",经济金融发展是"融资—投资—盈利—偿债"不断循环的过程(Minsky, 1976, 1986, 1993)。本章将在前文的理论分析和实证检验的基础上,从实体经济债务的视角,对现有的金融系统性风险监测方法和监管框架提出改进建议,以切实提高系统性风险监管的前瞻性、全面性、深入性和有效性。

第一节　现有金融系统性风险监测、监管体系评价

金融系统性风险的监测分为两个维度:在跨部门维度,主要关注在给定时点上不同类型金融机构以及金融市场基础设施之间的相互关联可能带来的风险,以及金融机构倒闭对整个金融体系的冲击;在跨时间维度,主要关注金融体系的顺周期问题,包括信贷总量或资产价格过快增长所可能引发的实体经济脆弱性,实体经济个别部门信贷过快增长带来的脆弱性,金融体系的期限、币种错配引发的系统性风险等。

一、危机后的金融系统性风险监管改革框架

2008年国际金融危机爆发后，国际金融监管改革在跨部门维度的宏观审慎监管上，主要是通过相应的监管工具处理金融机构共同的风险暴露以及相互之间的关联性，降低系统性风险的聚集，以防止风险传染扩散危及整个金融体系（见图5-1）；在跨时间维度的宏观审慎监管上，则主要是采取逆周期调控手段，防止信贷扩张失衡等，缓解经济周期波动对金融体系的冲击（见图5-2）。其中，与本书研究相关的主要是跨时间维度的系统性风险监测和宏观审慎监管。

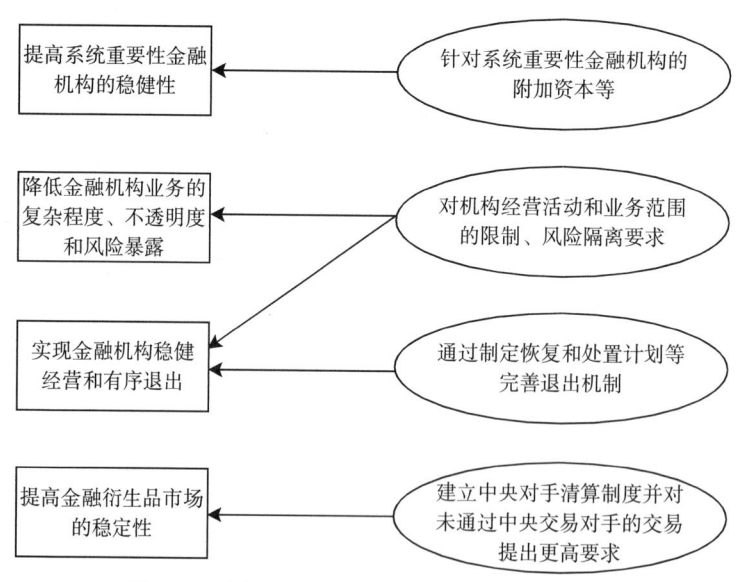

目标	工具
提高系统重要性金融机构的稳健性	针对系统重要性金融机构的附加资本等
降低金融机构业务的复杂程度、不透明度和风险暴露	对机构经营活动和业务范围的限制、风险隔离要求
实现金融机构稳健经营和有序退出	通过制定恢复和处置计划等完善退出机制
提高金融衍生品市场的稳定性	建立中央对手清算制度并对未通过中央交易对手的交易提出更高要求

图5-1 跨部门维度的宏观审慎监管目标及工具

缓解金融体系的顺周期性和开展跨时间维度的宏观审慎监管，是2008年国际金融危机后金融监管改革的核心内容之一。2009年12月，巴塞尔银行监管委员会（BCBS）提出，逆周期监管框架应包括四个要素：第一，缓解最低资本要求的顺周期性；第二，建立更具前瞻性的拨备计提方法；

第五章 基于实体经济债务的系统性风险监管改进

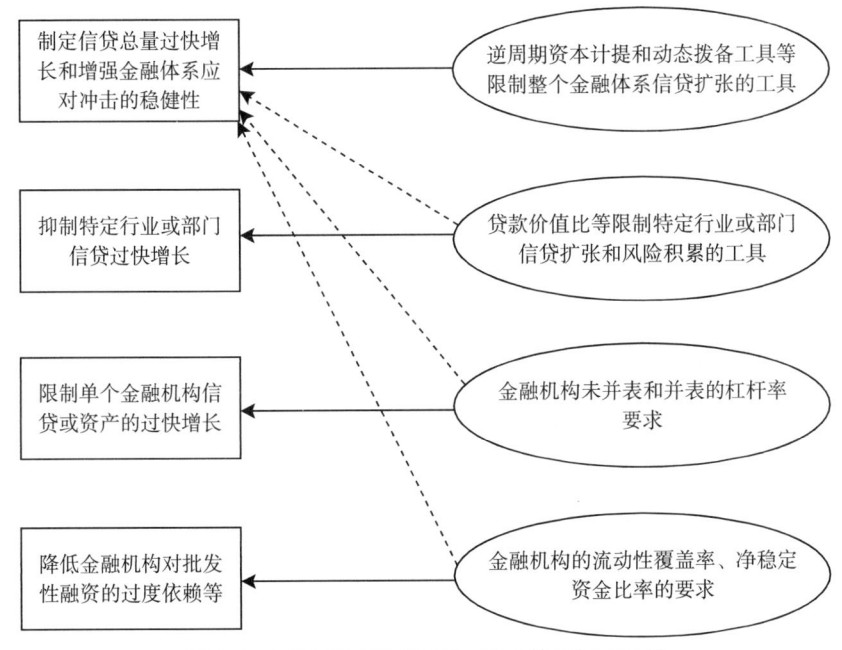

```
制定信贷总量过快增    ←——    逆周期资本计提和动态拨备工具等
长和增强金融体系应            限制整个金融体系信贷扩张的工具
对冲击的稳健性         ↖

抑制特定行业或部门    ←——    贷款价值比等限制特定行业或部门
信贷过快增长                  信贷扩张和风险积累的工具

限制单个金融机构信    ←——    金融机构未并表和并表的杠杆率
贷或资产的过快增长            要求

降低金融机构对批发    ←——    金融机构的流动性覆盖率、净稳定
性融资的过度依赖等            资金比率的要求
```

图 5-2　跨时间维度的宏观审慎监管目标及工具

第三，要求银行计提储备资本以吸收经济下行可能带来的损失；第四，引入逆周期资本以保护银行业免受信贷过度增长而在未来遭受损失（BCBS，2009）。此后在 2010 年 12 月，巴塞尔银行监管委员会正式发布的《巴塞尔协议Ⅲ》提出了逆周期资本监管框架，并同时发布了《监管当局实施逆周期资本监管指导原则》，要求各国金融监管当局结合本国银行业的实际情况，建立逆周期资本监管框架，根据需要要求银行计提逆周期资本（BCBS，2010a，2010b）。

从具体的监管工具来看，跨时间维度的宏观审慎监管工具主要包括四大类：第一类是限制整个金融体系信贷扩张速度的逆周期资本监管工具，包括逆周期资本缓冲（Counter-Cyclical Capital Buffer）、动态拨备（Dynamic Provisioning）等；第二类是主要用于限制特定经济部门或行业贷款增长速度的监管工具，包括贷款价值比（Loan-to-Value，LTV）以及一些国家在尝试推出的债务收入比（Debt-to-Income，DTI）等；第三类是限制单个金

· 89 ·

融机构信贷或资产扩张的监管工具,包括金融机构未并表的杠杆率和并表的杠杆率等;第四类是主要用于降低金融机构对批发型融资依赖程度和优化债务结构的流动性监管工具,包括流动性覆盖率(Liquidity Coverage Ratio,LCR)、净稳定资金比率(Net Stable Funding Ratio,NSFR)等(李文泓,2011;廖岷、孙涛和丛阳,2014)。

跨时间维度的宏观审慎监管改革,特别是基于私营部门广义信贷/GDP监测基础上实施的逆周期资本缓冲,在提升系统性风险防控的前瞻性上迈出了一大步。巴塞尔银行监管委员会(BCBS,2010a,2010b)提出采用广义信贷/GDP作为判断系统性风险变化和是否计提逆周期资本的基本指标,并根据广义信贷/GDP对其长期趋势的偏离度(GAP)来确定逆周期资本的计提水平,是提高金融风险防控效率和前瞻性的重大进步。BIS的研究对比了广义信贷/GDP、广义信贷增长与各类金融类指标对30个国家/地区在1970~2009年的金融危机预测效力,发现广义信贷/GDP在判断信贷过快增长和金融体系系统性风险积累方面的效果最好(Drehmann,Borio and Tsatsaronis,2011)。

二、金融系统性风险监管框架潜在缺陷分析

尽管危机后的宏观审慎监管改革迈出了重大步伐,但从金融系统性风险监管的前瞻性、全面性、深入性和有效性来看,现有的金融系统性风险监测体系、宏观审慎监管特别是跨时间维度的宏观审慎监管框架还存在进一步改进和完善的空间。

缺陷一:从根源上看,金融体系的风险很大一部分是信贷资金等在实体经济中的错误配置导致的,即金融体系的风险最终来自于实体经济主体的债务违约。但现有的动态拨备和逆周期资本监管改革等聚焦的是金融体系本身的风险变化,从时序上看还不是最具前瞻性的监管措施。因此,从前瞻性方面考虑,金融系统性风险监管应该在现有监管框架的基础上,增

加对实体经济债务变化的考量。

缺陷二：逆周期资本监管计提依据的是广义信贷/GDP 对其趋势值的偏离度，但广义信贷/GDP 统计监测的只是私营部门（企业部门和家庭部门）的债务规模变化，没有考虑政府部门的债务因素。首先，我国政府部门债务特别是地方政府债务对银行业风险也有着显著影响，近年来的地方政府债务风险持续受到国内外相关部门的高度关注（IMF，2013a，2017），因此有必要考虑从全口径的实体经济（企业部门、家庭部门和政府部门）债务范畴进一步提高系统性风险监管的全面性。其次，我国政府部门特别是地方政府部门债务与国有企业、政府融资平台债务之间存在错综复杂的关联，政府部门的隐性担保和刚性兑付问题突出，企业部门与政府部门的债务难以清晰界定，仅考虑其中一个部门的债务容易导致债务规模和债务风险的低估。最后，在私营部门债务方面，广义信贷/GDP 只统计监测私营部门从金融体系获得的信贷、发行的债券等，并没有考虑大量的影子银行信贷、民间借贷以及企业相互之间存在的大量应付账款，而这些形式的债务在企业部门债务规模中的占比并不低。已有大量研究对影子银行、民间借贷的规模进行了测算，而企业之间的应付账款规模可以通过所有上市公司财务年报中应付账款在所有债务的占比来大致估算。

缺陷三：广义信贷/GDP 监测和关注的只是私营部门的债务规模，而与金融系统性风险密切相关的是实体经济的债务风险。但实体经济的债务风险（即实体经济部门的债务违约）不仅取决于其负债规模（即负债率），还取决于其债务变化趋势和偿债压力（即偿债率）（朱太辉，2018）。因此，从有效性方面考虑，金融系统性风险监管除了考虑私营部门广义信贷/GDP 或者整个实体经济部门的债务规模外，还应当重点考虑实体经济偿债率这个更加直接的指标。

三、完善金融系统性风险监管框架的必要性

在整个国民经济中,金融体系属于配置资金的中介部门,实体经济的债务对应着金融机构的资产。系统性金融风险的积累和爆发,从供给方看是由于金融体系信贷过度扩张及其结构失衡,从需求方看则是实体经济债务不断扩张以及资金错配在金融体系的反映。信贷扩张是从金融体系前流到实体经济,但风险爆发则是从实体经济倒灌到金融体系,大多先是实体经济部门出现债务风险,而后债务风险沿着资金链反馈到金融体系特别是银行业的风险和稳健性上,甚至引发金融系统性风险(见图5-3)。因此,实体经济部门的债务变化在时序上先于金融机构的资产变化,系统性金融风险防控的主体虽然是金融机构和监管部门,但系统性金融风险防控的关注点不能只停留在金融体系自身或者金融机构的资产负债表上,而是要前移到监测实体经济部门的债务变化和债务风险。

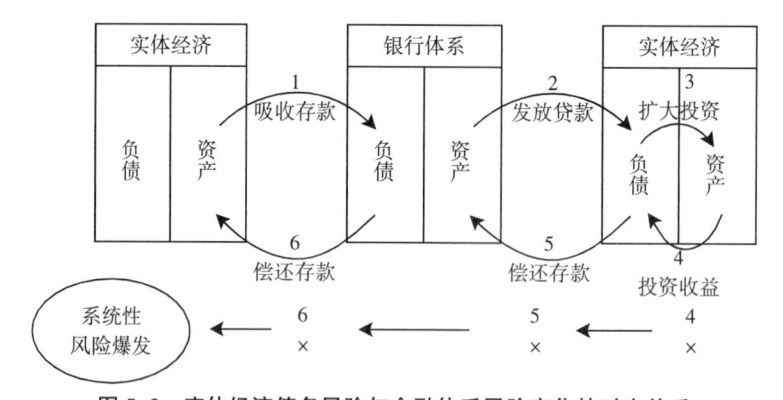

图5-3 实体经济债务风险与金融体系风险变化的时序关系

事实上,金融系统性风险防控和宏观审慎监管体系存在的这些缺陷和问题近年来已经逐渐被国际清算银行(BIS)等国际金融监管组织意识到了。例如,BIS的经济学家和货币经济部负责人Claudio Borio分析指出,尽管宏观审慎监管实施已经取得了显著的进步并带来了风险理念的重大转

变，但还需要更好地识别风险和校准风险识别工具，开发非银行部门的风险识别工具（Borio，2018）。

第二节　基于实体经济债务提升风险监测的前瞻性

一、增加实体经济债务规模变化监测

相对于广义信贷/GDP，实体经济债务/GDP对于监测和识别金融系统性风险具有两方面的显著优势。一方面，在测算范围上，相对于广义信贷/GDP，实体经济债务/GDP的范围更大，还包括政府债务和非正规借贷。在我国，近年来地方政府债务特别是各种隐性地方政府债务快速增长，民间借贷较为活跃，互联网金融快速发展，政府债务和非正规借贷不可忽视，其债务风险对我国金融体系风险的影响不可忽视。另一方面，在监测对象上，广义信贷/GDP监测的是信贷供给方——金融机构的资产，实体经济债务/GDP监测的是信贷需求方——实体经济主体的债务。信用风险的暴露最终来自信贷需求方的债务违约，因此实体经济债务/GDP监测有利于更好地把握系统性风险的根源和提高系统性风险监测的前瞻性、全面性。

在方法上，与广义信贷/GDP类似，实体经济债务/GDP监测的也是实体经济债务/GDP相对于其趋势值的偏离度。通过历史数据计算实体经济债务/GDP偏离度的安全区间和风险区间，进而划定不同程度的预警信号。

二、增加实体经济债务结构变化监测

在实体经济债务规模一定的情况下,债务在企业部门、家庭部门、政府部门的不同分布,在各个实体行业的不同分布,都会影响到实体经济债务风险的暴露和向金融体系的传染。静态地看,这是因为不同部门、不同行业在不同时期的收入增长、抵押品价值等存在差异,即债务偿付能力不同,决定了金融体系风险的分布结构。动态地看,这是因为银行信贷等资金流向不同部门、不同行业,意味着不同的资金产出效率,决定了整个实体经济未来的潜在增长率和整个金融体系的潜在系统性风险。在国外,国际清算银行的 Borio 等(2015)的研究发现,随着金融体系的信贷扩张,房地产行业和基础设施行业的贷款和债务会快速上升,并对抵押物不足的制造业、R&D 等行业的债务融资产生挤出效应,最终导致实体经济产出效率的下降和金融体系脆弱性的上升。国际货币基金组织在 2018 年 4 月发布的《全球金融稳定报告》研究指出,信贷在不同行业、企业的不合理配置是金融体系脆弱性的重要来源(IMF,2018)。在国内,朱太辉等(2018)分析了金融资源在不同行业企业的分布对企业公平竞争和金融体系稳定的影响机制。因此,金融系统性风险监测体系应该增加对实体经济债务结构变化的监测。

$$\text{实体经济债务率} = \frac{\text{总债务}}{\text{GDP}}$$

$$= \frac{\text{企业部门债务} + \text{家庭部门债务} + \text{政府部门债务}}{\text{GDP}}$$

$$= \frac{\sum \text{不同行业/企业部门债务} + \text{家庭部门债务} + \text{政府部门债务}}{\text{GDP}} \quad (5-1)$$

在具体的监测方法上,可以参照现有的广义信贷/GDP 监测,但要体现结构性。一方面,不同部门、不同行业的负债率指标从可比性上考虑可以选择 GDP 作为分母，但也应同时考虑该部门、行业的产出或者收入；另一方面，不同部门、不同行业的负债率偏离度的安全区间和风险区间设置要充分考虑该部门、行业的自身特征，如发展阶段、收入增速、抵押物状况等。

三、增加实体经济偿债压力变化监测

虽然债务规模和负债率是影响债务人是否发生债务违约的重要因素之一，但债务违约与否最直接的影响因素是债务人的偿债压力或偿债率（Debt Service Ratio，DSR），如式（5-2）所示。BIS 的研究发现，经济衰退前私营部门的偿债率（DSR）变化会导致产出下降，并提前 1~2 年预警银行业系统性风险；在银行业危机爆发前 1 年左右，DSR 预警的可信度要高于信贷/GDP 缺口，是表现最好的早期预警指标，而信贷/GDP 缺口更适用于较长经济周期的情况，两者具有一定的互补性（Drehmann and Juselius，2012）。因此，在监测实体经济债务规模变化的同时，增加实体经济偿债压力监测，有利于提高系统性风险监测的有效性。

$$\begin{aligned}
企业部门债务率 &= \frac{总债务}{GDP} \\
&= \frac{总债务}{总资产} \times \frac{总资产}{经营收入} \times \frac{经营收入}{GDP} \\
&= 资产负债率 \times \frac{1}{资产收益率} \times \frac{1}{增加值率}
\end{aligned} \quad (5-2)$$

在这方面，一个可以选择的监测指标是隐含不良贷款率（Implied NPL Ratio）。隐含不良贷款率最初由高盛公司和国际货币基金组织（IMF）分别于 20 世纪末和 21 世纪初提出（Ramos et al.，1998；Heytens and Karacadag，2001），是在计算实体企业息税前利润 EBITDA（Earning Before Interest，Tax，Depreciation and Amortization，即扣除利息、所得税、折旧和摊销前的营业利润）的基础上，进一步比较 EBITDA 与利息支出的大小，进而对企业的债务违约风险进行判断。隐含不良贷款率的计算公式如式(5-3)所示。该指标从企业财务角度入手，比较企业盈利情况和付息成本，可以用来前瞻性地判断银行贷款的坏账率。熊利平和蔡幸（2012）的研究表明，隐含不良贷款率具有多方面的优越性：该指标简单直观地反映了企业的贷款质量，从微观企业获取的数据比银行信贷数据更具前瞻性，具有不错的预警效果。

$$\text{隐含不良贷款率} = \frac{\text{EBITDA 为负或小于利息支出的样本企业的负债之和}}{\text{全部企业总负债}} \quad (5\text{-}3)$$

另一个可选择的监测指标是企业破产距离。破产距离是指企业潜在负债率（潜在资产和负债的百分比偏差）与资产波动的比率，一般用来衡量企业陷入财务困境的程度。其值越大，表明企业资产价值距离破产点越远，财务稳健性越大，企业出现偿债压力和债务违约概率越小。破产距离 DI 的计算公式如下：

$$DI_t \equiv \left(\frac{V_{At} - V_{Bt}}{V_{At}} \right) \frac{1}{\sigma_{At}} \quad (5\text{-}4)$$

式中，V_{At} 和 V_{Bt} 分别表示企业资产和负债未来现金流的市场价值，σ_{At} 为 V_{At} 的标准差，用于描述资产波动。Andrew 等（2013）根据企业间破产距离的分布特征度量了美国金融市场的稳健性，发现度量结果所预警的破产危机与美国 1926 年至 2012 年间的三次大萧条在时间上完全吻合。破产距离 DI 的优势在于，它不像结构化信用风险模型估计违约距离指标那样复杂，可以通过监测企业股价波动来实现，且便于长时间不间断地跟踪监测。此外，相对于监测银行等金融机构"违约距离"的或有权益分析法（Contingent Claims Analysis，CCA）（Gray and Malone, 2008; Gray and Jobst, 2010; 范小云、方意和王道平, 2013），通过监测银行等金融机构的债务人——负债企业的破产距离，可以更加前瞻性地把握金融系统性风险的变化。在金融系统性风险监测的实践中，可以将企业 DI 分析法和金融机构 CCA 分析法结合起来应用，相互补充和印证。

第三节　基于实体经济债务完善宏观审慎监管体系

基于实体经济债务监测有利于提高金融系统性风险监测的前瞻性和全面性，从实体经济债务视角完善现有的宏观审慎监管体系，特别是跨时间维度的监管工具，有助于提高宏观审慎监管的有效性。

一、基于实体经济债务优化逆周期资本缓冲监管标准

基于广义信贷/GDP 及其偏离度来要求银行计提逆周期资本，在时间上前瞻性不够，在标准上容易导致计提规模不足，制约了宏观审慎监管的前瞻性、全面性和有效性。基于前文的分析，应首先研究对比基于广义信贷/GDP 的资本计提时间、规模和基于实体经济债务/GDP 的资本计提时间、规模存在的差异，并通过实践检验两个方案的合理性。具体操作可分两步走：第一步，在现有基于广义信贷/GDP 及其偏离度的逆周期资本计提规则基础上，参考实体经济债务 GDP 及其偏离度的变化，制定逆周期资本计提时间和规模的备选方案；第二步，经过一段时间的实践检验，如果基于实体经济债务/GDP 的逆周期资本计提体系确实具有更好的前瞻性和有效性，且比较稳定，则适时修改逆周期资本计提的标准体系。

二、通过扩大贷款价值比（LTV）应用优化债务结构

贷款价值比（Loan-to-Value，LTV）是指贷款金额和抵押品价值的比

例，贷款价值比上限监管多见于抵押贷款。该比率越低，说明借款人负担的还款规模越小，还款压力越小，相应的还款能力越强（廖岷、孙涛和丛阳，2014）。在目的和功能上，贷款价值比上限监管一方面是通过约束银行业在某个行业或领域的贷款投放规模间接控制该行业或领域的贷款风险；另一方面是为了避免银行业贷款过度集中在少数几个行业或领域，优化贷款结构。贷款价值比上限监管已在多个国家得到应用（见表5-1），但主要集中在住房按揭贷款领域或商业房地产部门。在具体的实施上，IMF（2013b）的研究指出，贷款价值比等比率对一国房地产价格和总需求具有强烈的影响，因此应当逐步提升或放松，而非一步到位，以缓解监管上限调整对实体经济的冲击。这也是加拿大和荷兰实施这一监管工具的经验。

表5-1 贷款价值比（LTV）监管在国际上的应用情况

发达国家和地区应用情况		发展中国家和地区应用情况	
国家和地区	应用或首次调节年份	国家和地区	应用或首次调节年份
加拿大	2008	保加利亚	2004
芬兰	2010	智利	2009
中国香港	1991	中国	2001
以色列	2012	哥伦比亚	1999
韩国	2002	印度	2010
挪威	2010	印度尼西亚	2012
荷兰	2011	拉脱维亚	2007
新加坡	1996	黎巴嫩	2008
—	—	马来西亚	2010
—	—	匈牙利	2010
—	—	波兰	2011
—	—	罗马尼亚	2004
—	—	塞尔维亚	2004
—	—	泰国	2004

资料来源：IMF（2013b）。

当前贷款价值比在各个国家的实施存在两个突出的特点：一是主要应用于房地产行业的信贷调控，二是静态地使用固定比率。相关研究表明，扩大贷款价值比的应用范围，并根据行业发展、宏观经济和信贷形势对贷款价值比进行动态调整，可以在维护金融稳定上发挥更好的作用（Forlati and Lambertini，2011；Guerrieri and Iacoviello，2017；Jensen and Meckling，2018）。[①] 因此，为推动优化银行信贷在不同行业、领域的配置结构，提高信贷资金产出效率，从根源上降低银行业系统性风险发生的概率，可以考虑扩大贷款价值比上限监管的应用范围。同时，在扩大应用范围的过程中，应根据不同行业的发展阶段、抵押品情况、生产效率、收益情况变化，对各自的贷款价值比上限进行动态调整。

三、设置债务偿付指标来降低银行贷款的违约概率

银行贷款是否违约或者金融风险是否爆发的直接决定因素是借贷主体的收入状况和偿付能力，两个可以选择的监管工具是实体经济主体的债务收入比（Debt To Income，DTI）或者债务偿付比率（Debt Service Ratio，DSR）。其中，债务收入比指的是债务人每期的债务规模/收入（即债务率），偿债率指的是债务人每期的债务本息偿还规模/收入（即偿债率）。对于偿债率而言，如果贷款或者债务融资工具是分期偿还的，那么偿债率可以通过式（5-5）来计算（Dynan，Johnson and Pence，2003）。

$$DSR_t = \frac{i_t}{1-(1+i_t)^{-S}} \cdot \frac{D_t}{Y_t} \qquad (5-5)$$

[①] Jensen 和 Meckling 以及罗娜和程方楠在 LTV 的动态调整设计上进行了尝试。(Jensen M. C. and W. H. Meckling, "Theory of the Firm: Managerial Behavior, Agency Cost and Ownership Structure", *Journal of Financial Economics*, Vol.3, No.4, 1976, pp.305-360；罗娜、程方楠：《房价波动的宏观审慎政策与货币政策协调效应分析——基于凯恩斯主义的 DSGE 模型》，《国际金融研究》2017 年第 14 期，第 39-48 页)

式中，D_t 表示 t 时期的债务余额，Y_t 表示 t 时期可用于偿还债务的收入，i_t 表示 t 时期债务余额的利率，S_t 表示 t 时期债务余额的存续期限。

设置债务收入比上限有助于银行等金融机构更好地控制贷款质量，目前也在很多国家和地区金融监管中得到应用（见表5–2）。这些国家和地区的应用实践表明，如果债务收入比与贷款价值比共同使用，一方面可以更好地限制房屋产权人的负债规模和债务风险，另一方面也有利于更好地抑制抵押贷款的顺周期性。因此，根据经济周期和实体经济债务周期的不同发展阶段对债务收入比进行动态调整，有助于发挥金融监管的逆周期调控作用，更好地防范化解系统性风险。

表5–2 债务收入比（DTI）监管在国际上的应用情况

发达国家和地区应用情况	发展中国家和地区应用情况
加拿大（2008）、中国香港（2010）、韩国（2005）、荷兰（2007）、挪威（2010）、新加坡（2013）	哥伦比亚（1999）、匈牙利（2010）、拉脱维亚（2007）、马来西亚（2011）、波兰（2010）、罗马尼亚（2004）、塞尔维亚（2004）、泰国（2004）

注：国家后的括号中为开始运用的年度或1990年以来的首次调节年度。
资料来源：IMF（2013b）。

引入偿债率上限监管，可以通过直接控制实体经济债务人的偿债能力来更好地防控银行业的贷款风险，从而提高宏观审慎监管的全面性和有效性。BIS的研究表明，偿债率（DSR）在短期的系统性风险预警上表现良好，且其与广义信贷/GDP在系统性风险预警上具有互补性（Drehmann and Juselius，2012）。在此基础上，监管当局还可以考虑引入总债务偿付比率（Total Debt Servicing Ratio，TDSR），即（住房抵押贷款+信用卡、汽车贷款等其他债务+财产税）/总收入。[①] 与债务收入比相比，总债务偿付比率考虑的是借款人的总债务水平，而不限于某一笔或某一类贷款，所以有助于更全面地衡量和控制债务人的综合偿债能力，从而引导银行更加审慎地

[①] 2013年6月，总债务偿付比率已被新加坡金管局应用于监管实践。

做出贷款决策。但与此同时,这也对银行充分掌握贷款人信息、信用体系建设和信息共享等提出更高的要求。

总之,一个好的金融系统性风险监管框架要能够全面关注和及时把握系统性风险的积聚变化,现有的宏观审慎监管特别是跨时间维度的宏观审慎监管由于没有充分考虑实体经济债务变化对金融体系脆弱性的影响,在前瞻性、全面性、深入性和有效性方面还存在改善的空间。2008年国际金融危机带给我们的一个重要教训是,系统性金融风险的爆发既有体制性因素,更与人们的认识密切相关(Volcker,2011)。实体经济的债务对应着金融机构的资产,但在时序上实体经济部门的债务变化先于金融机构的资产变化,各国监管当局如果能从金融体系与实体经济的关系来认识金融系统性风险,进而从实体经济债务视角来研究完善金融系统性风险监测和监管制度,有助于修补上述监管短板。

当前我国正处于实体经济深入去杠杆和金融体系化解系统性风险同步推进的关键时期,从实体经济债务视角改革金融系统性风险监管的思路和措施具有较强的政策启示。一方面,相关部门应强化对实体经济负债率、偿债率以及债务结构变化的监测,动态掌握去杠杆和结构优化政策的实施进展,并对金融体系的潜在系统性风险大小真正做到"心中有数";另一方面,当前我国金融系统性风险研究框架和宏观审慎监管体系正在建立健全过程中,相关部门应抓住实体经济杠杆率和金融体系系统性风险高企的特殊时期,坚持风险和问题导向,从实体经济债务视角研究完善宏观审慎监管体系的框架和措施。

第六章 实体经济去杠杆与债务风险综合治理框架

"树不能长到天上去",实体经济的杠杆率(负债率)也是如此。为有效防控实体经济债务扩张对金融系统性风险的影响,从实体经济债务视角改进宏观审慎监管体系是必要的,但根本之策在于切实降低实体经济的负债率(即"去杠杆")和有效缓解实体经济的偿债压力。实体经济的负债率(杠杆率)=债务规模/GDP,本章将根据前面的实体经济债务影响金融体系脆弱性的理论分析和实证检验,从负债率(杠杆率)的分子、分母以及债务结构三个维度(见图6-1),探析实体经济去杠杆的具体路径和债务风险的治理方式。

$$\text{实体经济杠杆率(负债率)} = \frac{\text{实体经济债务余额}}{GDP} = \frac{\sum \text{各行业/领域债务余额}}{GDP}$$

分子策略:针对性地压减低产出效率的债务和杠杆

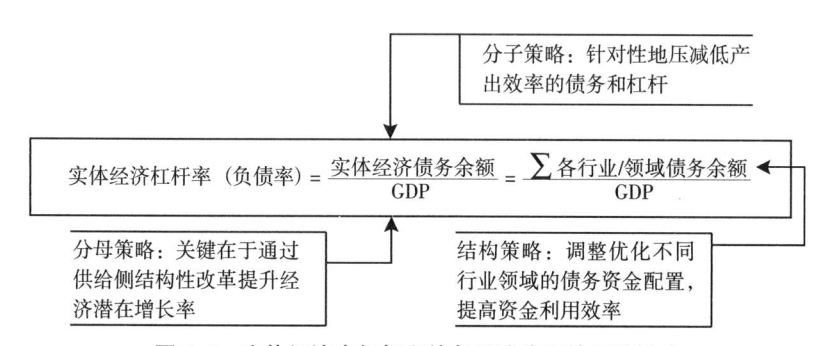

分母策略:关键在于通过供给侧结构性改革提升经济潜在增长率

结构策略:调整优化不同行业领域的债务资金配置,提高资金利用效率

图6-1 实体经济去杠杆和债务风险治理的三种模式
资料来源:笔者绘制。

第一节　分子策略：针对性地压减低产出效率的债务和杠杆

分子策略是指，通过债务偿还、债务减计、降低债务增长速度、降低债务利息支出等措施，去掉产出效率较低的债务和高杠杆。综合考虑我国实体经济债务的实际情况以及相关的经济金融体制问题，降低实体经济杠杆率的分子策略应当包括（不限于）以下几个方面：第一，对资不抵债的企业坚决实行破产清盘或破产重组，通过"创造性破坏"实现市场出清；第二，坚决控制产能过剩行业、房地产企业、地方政府融资平台公司、经营不善的国有企业的债务增速，降低这些领域和行业企业的债务规模；第三，地方政府和国有企业在适当时机通过国有股转让，偿还政府债务及或有负债；第四，积极发展股权融资市场，提高企业的股权融资占比；第五，加快金融机构不良贷款核销和处置，鼓励银行有条件地实施市场化、法治化债转股等。

在我国实体经济债务中，企业部门的债务最为严重，企业部门债务规模增长过快、债务负担不断加重等问题突出，分子策略实施重点是企业部门去杠杆。为此，2016年9月，国务院发布了《国务院关于积极稳妥降低企业杠杆率的意见》（国发〔2016〕54号），要求按照市场化、法治化、有序开展、统筹协调的原则降低企业杠杆率，并从推进企业兼并重组、强化企业自我约束、盘活企业存量资产、优化企业债务结构、市场化银行债权转股权、实施企业破产、发展股权融资七个方面，明确了具体的政策举措。其中，为了有序开展市场化银行债权转股权（以下简称"债转股"），国家发展改革委还制定了《关于市场化银行债权转股权的指导意见》，提出了债转股的实施方式。

从广义上看，债转股需要从根本上改变我国各类企业长期以来一直以债务融资为主的不合理现象，要努力增加企业股本融资的比重（杨凯生，2017）。这需要不断地规范我国的股票市场，进一步健全有关法规和制度，努力培育多层次的资本市场。同时，债转股只是降低企业杠杆率的措施之一，并不是降低企业负债率的唯一方法。此外，相关各方在制定债转股方案时希望能够"一举多得"：既能降低企业的负债率，减轻企业的财务负担，又能减少银行的不良贷款，化解金融风险；既能提高银行的资本充足率，缓解银行业的资本补充压力，也能调整债务融资与股本融资、直接融资与间接融资的比例，为投资者提供一些新的投资工具；此外，还希望方案实施不会增加财政负担。但这些目标相互之间本身存在着一些矛盾和制约，很难平等兼顾。[①] 因此，债转股不应过急过快，应始终坚持市场化和法治化原则，与其他降低企业杠杆率的政策措施配合实施，厘清方案措施，进一步把握好政府政策支持的方向和力度，稳妥理性推进（杨凯生，2017）。

第二节　分母策略：重在通过结构性改革提升经济增长效率

降低实体经济杠杆率和债务风险的分母策略是指，通过提高 GDP 增速、扩大 GDP 规模等，实现分母快于分子增长，重点是坚定不移地推进供给侧结构性改革。推进供给侧结构性改革，要从生产端入手，重点是促进产能过剩有效化解，推动产业优化重组，降低企业成本，发展战略性新兴产业和现代服务业，增加公共产品和服务供给，提高供给结构对需求变

[①] 如对减轻企业财务负担而言，企业在债转股后确实不需要再支付贷款利息了，但股权分红的财务压力会加大。

化的适应性和灵活性,主要任务是去产能、去库存、去杠杆、降成本、补短板。

从理论机理看,根据传统的凯恩斯学派理论,经济增长靠需求侧投资、消费、出口"三驾马车"以及收入分配拉动,而根据柯布—道格拉斯生产函数和《中共中央关于制定国民经济和社会发展第十三个五年规划的建议》,经济增长在供给侧也由劳动力、土地、资本、创新四大驱动要素。

$$Y = A(t)L^{\alpha}K^{\beta}\mu \tag{6-1}$$

式中,Y 为工业总产值;A(t) 为综合技术水平;L 为生产投入的劳动力规模;K 为生产投入的资本;α 为劳动力投入产出的弹性系数;β 为资本投入产出的弹性系数;μ≤1,表示随机干扰的影响。

从式(6-1)来看,供给侧结构性改革旨在通过优化调整四大要素在经济供给侧的配置,来提高经济潜在增长率,实现经济长期较快增长、质量不断提高、结构优化升级(见图6-2)。

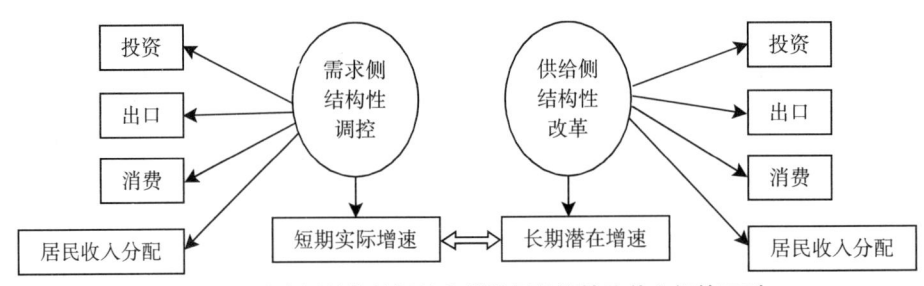

图6-2 需求侧结构性调控和供给侧结构性改革之间的区别
资料来源:笔者绘制。

有观点认为,通过刺激的方法重返高的经济增速,把分母做大,杠杆率自然会下降。这种认识非常具有误导性,也有严重危害性。目前,我国单位 GDP 增长需要的信贷已经从 2008 年的 0.8 上升到了 2014 年底的 2.1,增长了 1.6 倍多。在债务资金使用效率不升反降的情况下,追求越高的 GDP 增速就需要投放更多的信贷,容易掉入债务积累的陷阱。国内一些学者运用情景分析发现,由于我国资本使用效率和企业利润率的持续下降,今后几年GDP增速越高，杠杆率就会上升得越快；相反，低一些、高质量的GDP增速，反而有助于降杠杆。简而言之，刺激政策在短期内的确可以做大分母，但长期来看分子的增长会更快，因此最终不但不能降杠杆，反而会提高杠杆率。

因此，降低我国实体经济杠杆率的分母策略，不能再回到之前的投资驱动的粗放式发展模式，需要更多地通过结构性改革、创新驱动来提高经济的潜在增长率和内生发展动力。依赖于供给侧结构性改革的分母策略不会像分子策略那样立刻见效，但却是治本之道（李扬和张晓晶，2015）。

第三节　结构策略：调整优化不同行业领域的债务资金配置

债务结构决定资金利用效率和债务偿还压力，在实体经济债务规模既定的情况下，调整优化信贷配置和债务结构也是降杠杆和化解债务风险的重要措施。实体经济去杠杆的结构策略是指，以提高资金利用效率为导向，在不同部门之间或不同行业之间进行债务转移，在杠杆率分子（债务规模）保持基本稳定的基础上实现分母（GDP）的持续快速增长。

具体的政策措施包括：把政府信贷转为债券，合理地将部分地方债务转为中央债务，促进政府部门杠杆可控、透明；遵循资本市场的发展规律，破除资本市场发展的体制机制障碍；通过发展股权融资和丰富居民资金投资渠道，借助市场化的金融投资活动将一部分企业债务转化为家庭部门债务，最终降低企业部门的高杠杆风险；通过合理的产业规划和政策引导，落实好已出台的税收、金融、职工安置、行政审批等鼓励措施，促进产业转型升级和企业兼并重组，最终也会实现债务在不同行业和不同企业之间的转移。在兼并破产过程中，地方政府要积极作为，既遵循市场化改革方向，又通过各项社会政策妥善管控好经济社会风险。

从结构策略来看，去杠杆和结构性改革是一个问题的两个方面，两者互为条件、相辅相成，本质上都是要提高资源利用效率。没有经济结构的不断优化升级，实体经济去杠杆难以有效推进。遵循这一思路，供给侧结构性改革"三去一降一补"五大任务是一个有机协调的整体，去杠杆需要与去产能、去库存、降成本、补短板统筹推进。过剩产能化解了，债务资金盘活了，利用效率提高了，杠杆也就得到控制和稳妥有序地下降了。相关研究表明，房地产行业和基础设施行业由于抵押物充足，对信贷等债务融资具有极强的吸附能力，但房地产以及与其密切相关的基础设施行业过高的债务占比既不利于提升经济增长效率，也不利于实体经济去杠杆（Borio et al.，2015；彭文生，2017），实体经济去杠杆无疑需要房地产去库存的支持配合。根据"MM定理"等企业资本结构理论和银行贷款定价实践（刘春航、陈璐和朱太辉，2015），提高实体经济股权融资占比和降低实体经济杠杆率，也有利于降低企业贷款利率中的风险溢价，从而推进降成本。在补短板方面，通过发展普惠金融、科技金融、小微和民营企业融资服务，提高民营企业和科技企业的融资便利和债务水平，同时改革降低国有企业的融资占用和债务规模，也是实体经济去杠杆的重要结构策略。因此，应该把控杠杆明确为新常态下宏观调控的一大目标，在调控目标排列上把调结构、控杠杆放在稳增长之前，按照严控增量、区别对待、分类施策、逐步化解的原则，有序化解高杠杆风险。

除了推进实施上述的分子策略、分母策略和结构策略之外，实体经济去杠杆还需要一些相关领域改革的配套支持。这主要包括：改变地方政府的政绩考核评价体系，从而降低地方政府的投资冲动和行政干预，切实转变我国经济投资主导的粗放式发展方式；完善税收分配制度和地方政府债务管理机制，实现地方政府事权与财权的协调统一，降低地方政府财税收入对房地产市场发展的依赖和违规债务融资的冲动；积极推进国有企业改革，消除国有企业的预算软约束和投融资冲动，从根源上降低国有企业高负债的动力；完善社会保障体系，编织"社会安全网"，为淘汰落后产能、出清"僵尸企业"来降低企业部门杠杆率，创造良好制度环境，守住社会稳定底线。

第七章 评论性结论

第一节 研究结论

在整个国民经济中,金融体系属于配置资金的中介部门,实体经济(企业部门、家庭部门和政府部门)的债务风险最终会反映在金融体系特别是银行业的风险和稳健性上。近年来,我国实体经济部门债务持续快速增加,债务偿还压力逐渐显现,已成为我国金融体系脆弱性的主要源头之一。与此同时,实体经济的债务对应着金融机构的资产,实体经济部门的债务变化在时序上先于金融机构的资产变化,从实体经济债务视角来监测和防控金融系统性风险,有助于更好地掌握系统性风险的来源和提高监管的前瞻性、全面性、深入性和有效性。

本书针对实体经济债务如何影响金融体系的稳定性、如何基于实体经济债务改善金融系统性风险监管的前瞻性和有效性这两个逻辑上依次递进的问题,基于"实体经济债务的发展、原因与风险分析—实体经济债务影响金融脆弱性的理论机制—实体经济债务影响金融脆弱性的实证检验—金融系统性风险监管改进之策—实体经济债务风险治理之道"这一研究思路,综合采取统计分析、理论分析和实证检验等研究方法,进行了较为全面系统的研究。研究发现:

第一，在实体经济债务演变方面。自 1995 年以来，我国实体经济负债率经历了四个上涨阶段：1996 年第一季度末至 2000 年第一季度末，共历时 4 年，负债率（实体经济债务/GDP）共上涨了 26 个百分点；2002 年初至 2004 年第一季度末，共历时 2.25 年，负债率共上涨了 29.5 个百分点；2009 年初至 2010 年第二季度末，共历时 1.5 年，负债率共上涨了 41.4 个百分点；2012 年初至 2016 年末，共历时 5 年，负债率共上涨了 75.9 个百分点。其中，我国实体经济负债率在第四阶段上涨的持续时间最长，上涨幅度最大。私营部门负债率自 1995 年底以来，基本处于持续上升趋势。其中，在债务上涨第四阶段负债率上涨趋势最明显，负债率偏离度保持在 20% 以上，超过了国际监管组织预警值的两倍。2008 年底是私营部门偿债压力的一个分界点，进入债务快速上涨的第三和第四阶段后，我国私营部门的债务偿还压力不断增大。

第二，在实体经济债务风险方面。从债务规模看，我国实体经济存量债务已超越被广泛认可的安全边界；从债务结构看，企业部门和地方政府债务水平过高，其中地方政府、房地产行业、产能过剩行业、国有企业等领域的债务风险尤为显著；从融资方式看，我国实体经济部门债务融资的期限错配、低透明度、高成本问题突出；从偿债压力看，近年来的经济增速、财政收入和企业盈利下滑明显加大了实体经济的债务偿还风险。

第三，在实体经济债务成因方面。我国经济增长高度依赖投资驱动和负债扩张的粗放式发展模式、地方政府和国有企业一直以来的投资冲动和预算软约束、金融体系长期存在的结构不合理和运作低效率形成了一个相互促进的"三角循环"，共同推动了我国实体经济债务的持续增加和潜在风险的不断加大。

第四，在实体经济债务影响金融体系脆弱性的理论机制方面。本书吸收借鉴"债务—通缩理论""金融不稳定假说""金融加速器模型"和"资产负债表衰退理论"的思想，构建了一个新的债务周期解释框架，可综合反映实体经济债务扩张时间、扩张速度、结构分配对金融体系稳定的影响。

第五，在实体经济债务影响金融体系脆弱性的实证检验方面。根据中国经济金融体系的制度特征和发展实践，选择广义信贷、广义信贷/GDP以及房地产价格作为债务周期（金融周期）的构建指标以及具体的代理指标，在实证方法上对识别周期的转折点法和带通滤波法的参数设置进行优化调整。在此基础上，本书基于1998年第一季度至2018年第一季度的数据，对我国的债务周期进行了实证分析和交叉检验。实证结果表明，我国金融短周期与国家金融调控政策导向高度吻合，与经济短周期峰谷交错，降低了经济周期波动和金融中周期的持续时间和波动幅度；相对于债务短周期主要反映金融体系的短期波动变化，债务中周期更能体现金融系统性风险的变化情况，我国债务中周期的持续时间和波动幅度显著低于西方发达国家，金融体系的潜在系统性风险相对较低。这反映出中国主动的金融调控政策在调控经济周期中起到了关键作用，并降低了中国金融体系的中长期波动。

第六，在金融系统性风险的监管政策方面。由于没有充分考虑实体经济债务变化对金融体系脆弱性的影响，现有的系统性风险监管，特别是跨时间维度的宏观审慎监管在前瞻性、全面性和有效性方面还存在一定的差距。实体经济的债务对应着金融机构的资产，但在时序上实体经济部门的债务变化先于金融机构的资产变化。增加实体经济债务规模（总负债率）、债务结构（各个行业领域的负债率）、偿债能力（偿债率，如隐含不良贷款率、企业"破产距离"）变化监测，有助于更好地把握金融系统性风险的来源和提高系统性风险防控的前瞻性、全面性和有效性。相应地，为进一步完善宏观审慎监管体系，应增加考虑实体经济债务变化（负债率）来优化逆周期资本缓冲监管标准，通过扩大贷款价值比（LTV）应用范围来优化债务结构，并通过设置企业债务偿付能力指标降低银行贷款的违约概率。

第七，在实体经济债务风险的治理方面。从实体经济债务视角改进金融系统性风险的监测和监管只是风险防控的中间措施，根本之道在于切实降低实体经济负债率（去杠杆）和有效缓解实体经济的偿债压力。实体经济的负债率（杠杆率）=债务规模/GDP，我国实体经济去杠杆和债务风险治理可从以下三方面综合推进：一是分子策略，针对性地压减低产出效率的债务和杠杆，其中旨在降低企业部门杠杆率的银行债转股不应过急过快，应始终坚持市场化和法治化原则，稳妥理性推进；二是分母策略，关键在于通过供给侧结构性改革提升经济潜在增长率，简单的刺激政策短期内虽然会做大分母，但长期会促使分子（债务）更快增长，反而会提高实体经济杠杆率；三是结构策略，调整优化不同行业领域的债务资金配置，去杠杆和结构性改革是一个问题的两个方面，本质上都是要提高资源利用效率，没有经济结构的不断优化升级，实体经济去杠杆难以有效推进。总而言之，唯有强力推改革和持续调结构，才能有效地推动实体经济去杠杆。

第二节 研究创新

本书的贡献和创新主要体现在以下几个方面：

第一，在研究范畴上，本书将系统性风险的监测、评估和监管迁移至实体经济部门债务，开拓了金融系统性风险和宏观审慎监管研究的范畴。这有助于推动该领域研究更好地发展，也有助于学术界和监管层更好地认识实体经济债务与金融系统性风险之间的关系、金融体系与实体经济之间的关系。实体经济的债务很大一部分直接对应着金融体系的资产，实体经济债务风险与金融系统性风险相互交织，实体经济去杠杆和金融体系防风险具有内在统一性。实体经济去杠杆的关键是要提高债务资金的使用效率和产出效率，这需要金融体系优化资金配置结构的支持；金融体系风险很大程度上是实体经济债务风险在金融体系的倒灌，金融体系防风险要前移至实体经济债务层面，根本在于与实体经济部门一块提高债务资金的配置结构和利用效率。

第二，在理论机制上，本书在吸收借鉴费雪的"债务—通缩理论"、明斯基的"金融不稳定假说"、伯南克等的"金融加速器模型"、辜朝明的"资产负债表衰退理论"关于实体经济债务变化影响金融脆弱性的理论机制的基础上，探索构建了一个新的债务周期解释框架。债务周期框架不但全面吸收了上述理论的影响机制，还综合考虑了实体经济债务扩张时间（波长）、扩张速度（波幅）、结构分配对金融体系稳定的影响。这填补了该领域的理论研究短板，有助于推动相关研究的扩展和深化，并帮助监管人员更好地理解和把握实体经济债务影响金融稳定性的机制和路径。

第三，在实证方法上，国外研究在债务周期（金融周期）的指标选择上缺乏相应的理论分析基础，转折点法和带通滤波法在识别债务周期波峰和波谷方面并不是所有情形都适用，现有研究并没有分析两种方法的局限性和对不同制度、发展阶段经济体的适用性。国内关于中国债务周期的研究大都是依照国外的实证研究，对债务周期的指标选择既没有相应的理论分析支撑，也没有很好地考虑中国经济金融体系的改革发展进程和指标数据的可获得性。本书针对选用广义信贷、广义信贷/GDP、房地产价格三个指标构建中国债务周期进行了必要的理论解释，并充分考虑数据的长度和可得性来合理选取代理指标。同时，结合中国经济金融体系的实际情况，对识别债务周期波峰（波谷）的转折点法和带通滤波法的参数设置进行了优化调整，提高债务周期实证检验方法的合理性和适用性。

第四，在政策应对上，本书在将金融系统性风险的监测、评估和监管迁移至实体经济部门债务的基础上，进一步分析了从实体经济债务规模（总负债率）、债务结构（各个行业领域的负债率）、偿债能力（偿债率，如隐含不良贷款率、企业"破产距离"）拓展金融系统性风险监管，以及优化逆周期资本缓冲监管标准、扩大贷款价值比（LTV）应用范围、设置企业债务偿付能力指标等完善宏观审慎监管工具的必要性和实施路径，有助于推动提高系统性风险监测和宏观审慎监管的前瞻性、全面性、深入性和有效性。

第五，在理解金融体系与实体经济、银行业服务实体经济与防控金融风险之间关系上，本书研究结果的一个重要启示是，服务实体经济是金融体系发展的根本目标，管控风险是金融体系发展的立身之本，两者需要注重动态平衡。从债务周期的视角来看，如果一味地强调金融服务实体经济，通过金融扩张来缓解经济下行压力，那么金融发展带来的只能是金融资源的持续错配和金融风险的持续积累，最终不但不利于实体经济的平稳较快增长，反而增加金融体系的风险防控压力。这背后的原因是，简单持续的信贷和债务扩张会延长和放大实体经济债务周期，导致资金配置效率的下降，短期内虽然可以维持经济的平稳增长，但长期看会导致金融风险的不断积累（朱太辉、黄海晶，2018）。

第三节 研究展望

下一步，本书将从以下几个方面进一步拓展和深化：

第一，在理论模型方面，本书构建的实体经济债务变化影响金融体系脆弱性的债务周期框架，目前还只是一个较粗放的解释框架，下一步可考虑将其具体化为正统的宏观经济理论模型，如建立分析债务周期变化影响的动态随机一般均衡模型（DSGE模型）。这有助于更好地厘清债务周期框架中各个经济主体、各个债务变量之间的影响关系，以及实体经济债务变化对金融体系冲击的传导路径，进一步提高说服力和可信度。

第二，在实证检验方面，本书关于我国债务周期的实证检验对实体经济债务结构变化分析不够充分，仅仅考虑了债务资金在实体经济部门和房地产市场的分布对债务周期和金融体系稳定的影响。下一步可考虑进一步丰富实体经济债务周期的结构分析，如增加产能过剩行业和非产能过剩行业之间、大中小企业类型之间、国有企业和民营企业之间的债务结构变化对实体经济债务周期的影响。

第三，本书当前关于实体经济债务周期的实证检验，只分析了债务规模变化、债务结构变化、债务增速变化的影响，而没有考虑实体经济偿债能力变化（即偿债率）的影响。近年来，偿债能力变化在 BIS 等国际监管组织的系统性风险监管改革研究中，得到了越来越多的关注，这也是下一步研究所要解决的重要问题之一。

附　录

附表1　1995~2017年我国实体经济部门负债率变化

单位：%

时间	实体经济债务/GDP	政府部门债务/GDP	家庭部门债务/GDP	企业部门债务/GDP
1995年12月	108.5	21.6	—	—
1996年3月	107.3	21.5	—	—
1996年6月	109.7	21.4	—	—
1996年9月	109.0	21.5	—	—
1996年12月	111.5	21.4	—	—
1997年3月	114.6	21.1	—	—
1997年6月	114.8	20.9	—	—
1997年9月	115.9	20.7	—	—
1997年12月	118.9	20.6	—	—
1998年3月	118.3	20.6	—	—
1998年6月	120.2	20.6	—	—
1998年9月	124.0	20.6	—	—
1998年12月	126.4	20.6	—	—
1999年3月	126.8	20.9	—	—
1999年6月	128.8	21.2	—	—
1999年9月	130.8	21.5	—	—
1999年12月	133.1	21.8	—	—
2000年3月	133.4	22.2	—	—
2000年6月	130.2	22.4	—	—

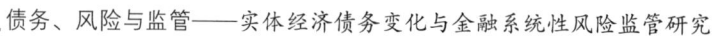

续表

时间	实体经济债务/GDP	政府部门债务/GDP	家庭部门债务/GDP	企业部门债务/GDP
2000年9月	131.6	22.7	—	—
2000年12月	134.6	22.9	—	—
2001年3月	125.1	23.3	—	—
2001年6月	127.1	23.7	—	—
2001年9月	127.1	24.1	—	—
2001年12月	128.2	24.5	—	—
2002年3月	137.6	24.9	—	—
2002年6月	140.5	25.3	—	—
2002年9月	142.8	25.6	—	—
2002年12月	144.4	25.9	—	—
2003年3月	147.8	26.2	—	—
2003年6月	153.7	26.5	—	—
2003年9月	156.0	26.7	—	—
2003年12月	154.5	26.8	—	—
2004年3月	157.7	26.9	—	—
2004年6月	153.9	26.7	—	—
2004年9月	151.5	26.5	—	—
2004年12月	149.9	26.4	—	—
2005年3月	148.5	26.4	—	—
2005年6月	145.3	26.4	—	—
2005年9月	144.5	26.5	—	—
2005年12月	142.6	26.4	—	—
2006年3月	146.0	26.3	11.5	108.2
2006年6月	146.8	26.1	10.8	109.8
2006年9月	145.3	25.9	10.8	108.5
2006年12月	143.0	25.7	10.8	106.5
2007年3月	145.9	26.9	18.4	100.6
2007年6月	147.5	27.9	18.9	100.7

续表

时间	实体经济债务/GDP	政府部门债务/GDP	家庭部门债务/GDP	企业部门债务/GDP
2007年9月	147.4	28.7	19.4	99.3
2007年12月	144.9	29.3	18.8	96.8
2008年3月	144.7	28.5	18.8	97.4
2008年6月	143.1	27.8	18.6	96.7
2008年9月	142.0	27.3	18.4	96.4
2008年12月	141.3	27.1	17.9	96.3
2009年3月	156.6	29.2	18.9	108.4
2009年6月	168.4	31.3	20.5	116.5
2009年9月	174.8	33.2	22.4	119.3
2009年12月	177.8	34.5	23.5	119.9
2010年3月	180.8	34.4	25.6	120.9
2010年6月	182.7	34.2	26.7	121.9
2010年9月	182.4	33.9	27.1	121.3
2010年12月	181.6	33.7	27.2	120.7
2011年3月	181.9	33.6	27.6	120.6
2011年6月	181.5	33.5	27.9	120.0
2011年9月	179.9	33.4	27.9	118.6
2011年12月	181.1	33.5	27.7	119.9
2012年3月	184.6	33.6	27.9	123.0
2012年6月	187.5	33.9	28.4	125.3
2012年9月	191.4	34.2	29.3	128.0
2012年12月	194.6	34.4	29.7	130.6
2013年3月	201.7	35.1	30.7	135.8
2013年6月	205.7	35.9	32.0	137.8
2013年9月	209.5	36.6	32.9	140.0
2013年12月	211.0	37.2	33.1	140.7
2014年3月	216.6	38.0	34.0	144.6
2014年6月	221.0	38.7	34.8	147.5

续表

时间	实体经济债务/GDP	政府部门债务/GDP	家庭部门债务/GDP	企业部门债务/GDP
2014 年 9 月	222.6	39.4	35.3	147.9
2014 年 12 月	225.7	40.2	35.7	149.9
2015 年 3 月	230.4	40.6	36.4	153.5
2015 年 6 月	233.8	40.9	37.3	155.6
2015 年 9 月	237.7	41.3	38.2	158.2
2015 年 12 月	243.3	41.7	38.8	162.7
2016 年 3 月	248.8	42.6	40.0	166.3
2016 年 6 月	251.9	43.4	41.7	166.9
2016 年 9 月	253.6	44.1	43.3	166.3
2016 年 12 月	255.3	44.5	44.4	166.4
2017 年 3 月	256.3	45.2	45.6	165.5
2017 年 6 月	256.3	45.9	46.9	163.5
2017 年 9 月	256.9	46.5	48.0	162.4
2017 年 12 月	255.7	47.0	48.4	160.3

资料来源：BIS 网站。

附表 2　实体经济债务周期与国家金融调控政策调整

债务周期	债务周期跨度及变化		宏观调控政策
债务周期 1 2000 年第一季度 至 2004 年第四季度	18 个季度	上行：2000 年第二季度至 2002 年第三季度	• 为应对亚洲金融危机以及之后西方国家网络泡沫破裂带来的冲击，1999 年 6 月、2002 年 2 月两次下调存贷款基准利率，分别共计 1.8 个和 1 个百分点。 • 1999 年 11 月将存款准备金率从 8% 下降至 6%，共计 2 个百分点。 • 1998 年 7 月，国务院发布《关于进一步深化城镇住房制度改革加快住房建设的通知》，推动住房商品化、社会化改革，停止住房实物分配并逐步实行住房分配货币化、发展住房金融。到 2001 年，房地产信贷政策逐渐明确，将个人住房贷款的最低首付比从 30% 下调至 20%，将个人商业用房贷款的最低首付比确定为 40%，将房地产开发贷款的最低首付比明确定为 30%，且要求"四证齐全"，并针对住房交易出台了契税、营业税、个人所得税的减免政策
		下行：2002 年第四季度至 2004 年第四季度	• 2004 年 10 月将存贷款基准利率均上调 0.27 个百分点。 • 2003 年 9 月和 2004 年 4 月两次上调存款准备金率，共计 1.5 个百分点。 • 2003 年 8 月，为应对房地产价格和投资增长过快等，国务院发布实施《关于促进房地产市场持续健康发展的通知》，房地产调控政策转为促进健康发展与抑制发展过热并举
债务周期 2 2005 年第一季度 至 2008 年第二季度	14 个季度	上行：2005 年第一季度至 2006 年第二季度	• 2005 年第一季度至 2006 年第二季度，金融机构存贷款基准利率维持不变。 • 2005 年 3 月至 2006 年 5 月，为抑制投资投机性购房和住房价格过快上涨，国务院办公厅发布《关于切实稳定住房价格的通知》，转发建设部等部门《关于做好稳定住房价格工作意见的通知》和《关于调整住房供应结构稳定住房价格的意见》，陆续出台信贷、税收、市场监管等方面的政策。其中，个人住房贷款、商业用房贷款、房地产开发贷款、土地储备贷款和住房公积金贷款的最低首付比、利率要求多次上调，房地产投资以及房价增速逐步回落
		下行：2006 年第三季度至 2008 年第二季度	• 面对经济运行中出现的过热现象，2007 年的中央经济工作会议对宏观调控提出"两防"方针，十年来首次提出实施从紧的货币政策。 • 2006 年 4 月至 2007 年底，连续七次上调贷款基准利率，连续十八次上调大型金融机构存款准备金率，共计 10 个 1.89 个百分点。 • 2006 年下半年至 2008 年上半年，针对 2007 年下半年房地产市场再度反弹和"地王"频现的问题，提高了第二套以上个人住房贷款和商业用房贷款的首付比、利率等方面的要求，并将 2005 年 6 月开始征收紧的税收政策实施时间从 2 年延长至 5 年

· 123 ·

续表

债务短周期	债务周期跨度及变化	宏观调控政策
债务周期3 2008年第三季度至2011年第三季度 13个季度	上行：2008年第三季度至2009年第三季度	● 面对百年一遇的国际金融危机，2008年第三季度开始及时出台应对危机的一揽子计划，包括大规模财政投入、钢铁等十大产业调整和振兴规划、大幅度提高社会保障水平四个方面，实施适度宽松的货币政策。 ● 2008年最后四个月，连续两次下调大型金融机构存款准备金率，共计2个百分点，连续三次下调中小型金融机构存款准备金率，共计4个百分点。 ● 2008年最后4个月，连续四次下调贷款基准利率，共计1.89个百分点，连续五次下调存款基准利率，共计2.16个百分点。 ● 2008年12月，针对危机后房地产市场大幅回落，国务院办公厅发布《关于促进房地产市场健康发展的若干意见》，降低个人住房贷款的首付比、利率要求，下调贷款的资本金要求，下调住房公积金贷款的利率，并相应调整税收政策，鼓励普通商品住房消费，支持房地产开发企业积极应对市场变化
	下行：2009年第四季度至2011年第三季度	● 2009年9月，国务院批转发展改革委等部门制定的《关于抑制部分行业产能过剩和重复建设引导产业健康发展若干意见的通知》，以电力、煤炭、钢铁、水泥、有色金属、焦炭、造纸、印染等行业为重点，明确2010年和2011年淘汰落后产能的要求和目标任务，强化政策约束机制，完善政策措施，加大监督检查力度。 ● 2010年在经济V形反弹后，通胀压力开始抬头，房地产价格上升，结构优化的要求，当年底财政工作会议要求实施稳健的货币政策，按照流水稳健，调节有度，连续十一次上调存款基准金率，共计6个百分点。 ● 2010年1月至2011年6月，连续五次上调贷款基准利率，均共计1.25个百分点。 ● 2010年10月至2011年7月，连续五次上调贷款基准利率，均共计1.25个百分点。 ● 为解决2009年下半年部分城市出现的房价上涨过快问题，2010年1月发布实施《国务院办公厅关于促进房地产市场平稳健康发展的通知》，2010年4月实施《国务院关于坚决遏制部分城市房价过快上涨的通知》，2011年1月发布实施《国务院办公厅关于进一步做好房地产市场调控工作有关问题的通知》，除收紧相关贷款的最低首付比、利率要求和税收政策外，还出台限购、限贷、强化问责等政策措施，并于2011年1月在重庆和上海试点开征房产税。 ● 2010年6月，国务院发布《关于加强地方政府融资平台公司管理有关问题的通知》（19号文），要求按照分类管理、区别对待的原则，妥善处理融资平台公司债务风险问题。此后，财政部、发改委、人民银行、银监会等特续发布《关于做好地方政府性债务审计工作的通知》，组织全国各级审计机关对全国地方政府性债务情况进行一次全面审计。2011年6月，审计署发布《全国地方政府性债务审计结果》

· 124 ·

续表

债务短周期	债务周期跨度及变化	宏观调控政策
债务周期 4 2011 年第四季度 至 2015 年第二季度	上行：2011 年第四季度至 2013 年第二季度 15 个季度 下行：2013 年第三季度至 2015 年第二季度	● 这一时期为应对欧债危机等带来的经济下行压力等，以加快转变经济发展方式为主线，以提高经济增长质量和效益为中心。 ● 2011 年 12 月召开的中央经济工作会议要求，继续实施积极的财政政策和稳健的货币政策，增强调控的针对性、灵活性、前瞻性，继续处理好保持经济平稳较快发展、调整经济结构、管理通胀预期的关系。 ● 2012 年 1 月召开第四次全国金融工作会议，部署深化金融机构改革，加强和改进金融监管和切实防范系统性金融风险，防范化解地方政府债务风险，完善金融宏观调控体系和加强货币政策与财政政策、监管政策、产业政策的协调配合等八项重点工作。 ● 2012 年 12 月召开的中央经济工作会议要求，继续实施积极的财政政策和稳健的货币政策，充分发挥逆周期调节和推动结构调整的作用。稳健的货币政策要把握好度，增强操作的灵活性。要适当扩大社会融资总规模，保持贷款适度增加。要继续坚持房地产市场调控政策不动摇。要高度重视财政金融领域存在的风险隐患。 ● 2011 年 12 月、2012 年 2 月、2012 年 5 月连续三次下调存款准备金率，分别共计 1.5 个百分点。 ● 2012 年 6 月、7 月连续两次下调贷款基准利率，分别共计 0.5 个、0.56 个百分点。 ● 2013 年 2 月实施《国务院办公厅关于继续做好房地产市场调控工作的通知》，明确继续做好房地产市场调控工作的具体措施，包括继续严格执行商品住房限购措施、继续实施差别化住房信贷政策、继续加强房地产交易税收征管、增加普通商品住房及用地供应、加快保障性安居工程规划建设等
		● 2013 年 12 月召开的中央经济工作会议要求，改善和优化融资结构和信贷结构，提高直接融资比重，着力防控债务风险，要把控制和化解地方政府性债务风险作为经济工作的重要任务。 ● 2014 年 12 月召开的中央经济工作会议要求，2015 年要继续实施积极的财政政策和稳健的货币政策，积极的财政政策要有力度，货币政策要更加注重松紧适度。 ● 2014 年 11 月至 2015 年 6 月连续四次下调存款准备金率，共计 1.5 个百分点。 ● 2015 年 2 月、4 月连续两次下调存款准备金率，贷款基准利率，共计 1.5 个百分点。 ● 2013 年 10 月，国务院发布《关于化解产能严重过剩矛盾的指导意见》。2014 年 3 月，银监会办公厅发布实施《关于做好 2014 年化解产能严重过剩工作的指导意见》，落实有保有控的信贷政策要求，有效化解产能过剩行业信贷风险，积极推进化解钢铁、水泥、电解铝等行业支持产能严重过剩行业调整和化解产能过剩风险。

· 125 ·

续表

债务短周期	债务周期跨度及变化	宏观调控政策
债务周期4 2011年第四季度至2015年第二季度	15个季度 下行：2013年第三季度至2015年第二季度	• 针对房地产市场价格整体下行、地区分化加剧的形势，2014年9月人民银行和银监会发布《关于进一步做好住房金融服务工作的通知》，以进一步改进对保障性安居工程建设的金融服务，继续支持居民家庭合理的住房消费，降低个人住房贷款的最低首付比和利率要求。2015年3月，人民银行、住建部和银监会发布《关于个人住房贷款政策有关问题的通知》，出台5条差异化措施，支持居民自住和改善性住房需求，促进房地产市场平稳健康发展；财政部发布《关于调整个人住房转让营业税政策的通知》，对购买2年以上（含2年）的普通住房销售免征营业税
债务周期5 2015年第三季度至2017年第四季度	10个季度 上行：2015年第三季度至2016年第二季度	• 2015年8月、10月连续两次下调存贷款基准利率，均共计0.5个百分点。 • 2015年9月、10月和2016年3月连续三次下调存款准备金率，共计1.5个百分点。 • 2015年12月召开的中央经济工作会议提出要求，要在适度扩大总需求的同时，着力加强供给侧结构性改革，并明确了去产能、去库存、去杠杆、降成本、补短板五大任务。要求实施相互配合的五大政策支柱：宏观政策要稳，产业政策要准，微观政策要活，改革政策要实，社会政策要托底，保证经济运行在合理区间。其中，积极的财政政策要加大力度，实行减税政策，阶段性提高财政赤字率；稳健的货币政策要灵活适度，为结构性改革营造适宜的货币金融环境，降低融资成本，保持流动性合理充裕和社会融资总量适度增长，扩大直接融资比重，优化信贷结构，完善汇率形成机制。 • 2015年8月，住建部等部门在全国内取消外个人在国内购天住房的限制条件：住建部等部门联合发布《关于调整住房公积金个人住房贷款最低首付款比例的通知》，降低住房公积金贷款最低首付比要求。2015年9月，住建部等部门联合发布《关于调整住房公积金使用有关效率的通知》，提高实际贷款额度，拓宽贷款受理渠道；发改委等部门发布《关于切实提高住房公积金使用效率的通知》，发改委等部门发布《关于推行异地住房转按业务等》，全面推行异地贷款标准化，降低事业性收费标准的通知》，降低新建商品住房信贷政策有关问题的通知》；人民银行和银监会发布《关于降低住房转让手续费等》，降低"限购"城市下调商业性个人住房贷款的最低首付比要求

· 126 ·

续表

债务短周期	债务周期跨度及变化	宏观调控政策
债务周期5 2015年第三季度至2017年第四季度 10个季度	下行：2016年第三季度至2017年第四季度	• 2016年2月，国务院发布《关于钢铁行业化解过剩产能实现脱困发展的意见》《关于煤炭行业化解过剩产能实现脱困发展的意见》；2016年4月，"一行三会"联合发布两个文件的具体实施意见；2017年7月，国家发改委联合16个部委发布实施供给侧结构性改革 防范化解煤电产能过剩风险的意见。 • 2016年9月，国务院发布《关于积极稳妥降低企业杠杆率的意见》（国发〔2016〕54号），通过有序开展市场化银行债权转股权等方式，推动降低企业部门杠杆率。 • 2016年12月召开的中央经济工作会议要求，积极的财政政策要加大力度转为更加积极有效，稳健的货币政策从灵活适度转为保持稳健中性，调节好货币闸门，努力畅通货币政策传导渠道和机制，维护流动性基本稳定。要把防控金融风险放到更加重要的位置，下决心处置一批风险点，着力防控资产泡沫，提高和改进监管能力，确保不发生系统性金融风险。 • 2017年，"一行三会"大力推进金融乱象治理，如银监会为整治银行业市场乱象，严守不发生系统性金融风险的底线，组织开展了"三违反、三套利、四不当、十方面问题"等系列专项治理行动

参考文献

安永：《势在必行：提高中国生产率》，安永研究报告，2012年9月25日。

陈卫东、熊启跃：《我国非金融企业杠杆率的国际比较与对策建议》，《国际金融研究》2017年第2期。

陈雨露、汪昌云：《金融学文献：原创论文类》，中国人民大学出版社2006年版。

邓海清、林虎：《中国债务杠杆周期的特色及出路》，研究报告，2013年6月24日。

范小云、方意、王道平：《我国银行系统性风险的动态特征及系统重要性银行甄别——基于CCA与DAG相结合的分析》，《金融研究》2013年第11期。

范小云、袁梦怡、肖立晟：《理解中国的债务周期：理论、测算与分析》，《国际金融研究》2017年第1期。

国家审计署：《全国地方政府性债务审计结果》，2011年第35号审计结果公告，2011年6月27日。

国家审计署：《全国政府性债务审计结果》，2013年第32号审计结果公告，2013年12月30日。

黄剑辉、李鑫：《非金融企业部门杠杆率与银行业风险研究》，《金融监管研究》2018年第2期。

纪志宏等：《地方官员晋升激励与银行信贷——来自中国城市商业银行的经验证据》，《金融研究》2014第1期。

姜超、周霞：《去杠杆成效如何？——我国各部门杠杆率的测算和分析》，海通证券研究报告，2017年5月17日。

李晚晴、田野：《我国企业部门杠杆率及其债务风险的辩证分析》，《金融监管研究》2018年第2期。

李文泓、林凯旋：《关于用广义信贷/GDP分析我国银行业系统性风险的研究》，《金融监管研究》2013年第6期。

李文泓：《宏观审慎监管框架下的逆周期政策研究》，中国金融出版社2011年版。

李扬、张晓晶：《中国国家资产负债表的杠杆调整与风险管理》，《上海证券报》2015年8月21日。

李扬：《"金融服务实体经济"辨》，《经济研究》2017年第6期。

李扬等：《中国国家资产负债表（2018）》，中国社会科学出版社2018年版。

李扬等：《中国国家资产负债表2015：杠杆调整与风险管理》，中国社会科学出版社2015年版。

连平：《10问中国金融》，中国经济出版社2015年版。

廖岷、孙涛、丛阳：《宏观审慎监管研究与实践》，中国经济出版社2014年版。

刘春航、陈璐、朱太辉：《我国利率水平及其影响因素研究》，《中国银监会工作论文》2015年第8期。

刘煜辉：《摸底中国负债》，《财经》2013年4月7日。

陆婷、余永定：《中国企业债对GDP比的动态路径》，《世界经济》2015年第5期。

陆正飞、祝继高、樊铮：《银根紧缩、信贷歧视和民营上市公司投资利益损失》，《金融研究》2009年第8期。

罗娜、程方楠：《房价波动的宏观审慎政策与货币政策协调效应分析——基于新凯恩斯主义的DSGE模型》，《国际金融研究》2017年第1期。

马德威等：《亚洲债务大起底》，渣打银行研究报告，2013年7月。

马建堂等:《中国的杠杆率与系统性金融风险防范》,《财贸经济》2016 年第 1 期。

马利·奇瓦科等:《中国企业部门脆弱性评估》,《金融监管研究》2016 年第 2 期。

马勇、冯心悦、田拓:《债务周期与经济周期——基于中国的实证研究》,《国际金融研究》2016 年第 10 期。

马勇、张靖岚、陈雨露:《债务周期与货币政策》,《金融研究》2017 年第 3 期。

牛慕鸿、纪敏:《中国的杠杆率及其风险》,《中国金融》2013 年第 14 期。

彭文生:《渐行渐近的债务周期》,中信出版社 2017 年版。

彭振江、杨李娟:《债务周期视角下区域金融风险差异化防控研究》,《金融监管研究》2017 年第 5 期。

覃汉等:《中国地方政府评级报告(2017)——系列一:省、直辖市、省会城市和计划单列市篇》,国泰君安证券研究报告,2017 年 8 月 29 日。

瞿强、王磊:《由金融危机反思货币信用理论》,《金融研究》2012 年第 12 期。

王磊、朱太辉:《高货币化率的非货币化解释》,《国际金融研究》2016 年第 12 期。

王胜邦、朱太辉:《银行业转型发展:历史、挑战与未来——对改革开放四十年来银行业服务实体经济的回顾》,《国际金融》2018 年第 11 期。

王珏、骆力前、郭琦:《地方政府干预是否损害信贷配置效率》,《金融研究》2015 年第 4 期。

魏加宁等:《我国地方政府债务风险化解对策研究》,《新金融评论》2014 年第 4 期。

熊利平、蔡幸:《基于隐含不良贷款率加强商业银行信用风险预判的研究》,《金融监管研究》2012 年第 10 期。

杨凯生:《关于去杠杆的几点思考》,《第一财经日报》2017 年 6 月 26 日。

叶康涛、祝继高:《银根紧缩与信贷资源配置》,《管理世界》2009 年第 1 期。

伊楠、张斌:《度量中国的债务周期》,《国际金融研究》2016 年第 6 期。

张成科、张欣、高星:《杠杆率结构、债务效率与金融风险》,《金融经济学研究》2018年第3期。

张五常:《中国的经济制度》,中信出版社2012年版。

张晓朴、朱太辉:《金融体系与实体经济关系的反思》,《国际金融研究》2014年第3期。

张晓朴、朱太辉:《建立存款保险制度 引领金融业改革全面推进》,《清华金融评论》2015年第4期。

张智威、陈家瑶:《关注中国金融风险》,野村证券研究报告,2013年3月28日。

中国人民银行杠杆率研究课题组:《中国经济杠杆率水平评估及潜在风险研究》,《金融监管研究》2014年第5期。

钟正生:《中国分部门债务水平分析》,《金融时报》(英国)2013年4月17日。

周小川:《守住不发生系统性金融风险的底线》,转引自《党的十九大报告辅导读本》,人民出版社2017年版。

朱太辉、边卫红:《如何从根源上改进金融系统性风险监管——基于实体经济债务视角的研究》,《金融评论》2018年第5期。

朱太辉、黄海晶:《中国金融周期:指标、方法和实证》,《金融研究》2018年第12期。

朱太辉、魏加宁、刘南希、赵伟欣:《如何协调推进稳增长与去杠杆——基于资金配置结构的视角》,《管理世界》2018年第9期。

朱太辉、赵伟欣、刘南希:《金融服务结构、企业公平竞争与金融体系稳定研究》,《国际金融》2018年第6期。

朱太辉:《实体经济债务究竟如何影响金融体系稳定?——理论机制和解释框架》,《金融评论》2019年第2期。

朱太辉:《货币信贷内生扩张及其经济效应研究》,中国金融出版社2015年版。

参考文献

朱太辉：《信贷如何波动？一个理论综述》，《货币金融评论》2010 年第 7-8 期。

朱太辉：《中国实体经济债务：演变、风险与治理》，《东北财经大学学报》2018 年第 4 期。

Acharya V. V., L. H. Pedersen, T. Philippon, and M. Richardso, "Measuring Systemic Risk", Federal Reserve Bank of Cleveland Working Paper 10-02, 2010.

Adrian T. and M. Brunnermeier, "CoVAR", Federal Reserve Bank of New York Staff Reports, No.348, 2010.

Agustinus P. and F. M. Luhur, "Indonesia's Ponzi Economy: Does Financial Crises Give a Lesson", Mpra Paper, Vol.20, No.3, 2008.

Andrew G. A., L. E. Andrea and W. Pierre-Olivier, "Measuring the Financial Soundness of U. S. Firms, 1926-2012", NBER Working Paper, No. 19204, 2013.

Arcand J., E. Berkes and U. Panizza, "Too Much Finance?", IMF Working Paper, WP/12/161, June 2012.

Ashcraft A. and Til Schuermann, "Understanding the Securitization of Subprime Mortgage Credit", Federal Reserve Bank of New York Staff Reports, No. 318, March 2008.

Avouyi-Dovi S. and J. Matheron, "Interaction between Business Cycle, Financial Cycle and Interest Rates: The Stylised Facts", Banque de France Working Paper, No.121, 2005.

Bangia A., F. X. Diebold and T. Schuermann, "Ratings Migration and the Business Cycle, with Application to Credit Portfolio Stress Testing", Journal of Banking & Finance, Vol.26, No.2-3, 2002.

BCBS, "A Framework for Dealing with Domestic Systemically Important Banks", BCBS Standards, October 2012b.

BCBS, "Global Systemically Important Banks: Assessment Methodology and the Additional Loss Absorbency Requirement", BCBS Standards, July 2013.

BCBS, "The Policy Implications of Transmission Channels between the Financial System and the Real Economy", BIS Working Paper, No.20, May 2012a.

BCBS, "Strengthening the Resilience of the Banking Sector", Consultative Document, December 2009.

BCBS, "Basel Ⅲ: A Global Regulatory Framework for More Resilient Banks and Banking Systems", December 2010a.

BCBS, "Guidance for National Authorities Operating the Countercyclical Capital Buffer", December 2010b.

Berkes E., J. Arcand and U. Panizza, "Too Much Finance?", IMF Working Paper, No. WP/12/16, June 2012.

Bernanke B. S., "Nonmonetary Effects of the Financial Crisis in the Propagation of the Great Depression", *The American Economic Review*, Vol.73, No.3, 1983.

Bernanke B. S. and M. Gertler, "Financial Fragility and Economic Performance", *The Quarterly Journal of Economics*, Vol.105, No.1, 1990.

Bernanke B. S. and M. Gertler, "Inside the Black Box: The Credit Channel of Monetary Policy Transmission", *The Journal of Economic Perspectives*, Vol.9, No.4, 1995.

Bernanke B. S., M. Gertler and S. Gilchrist, "The Financial Accelerator and the Flight to Quality", *The Review of Economics and Statistics*, Vol.78, No.1, 1996.

Bernanke B. S., M. Gertler and S. Gilchrist, "The Financial Accelerator in a Quantitative Business Cycle Framework", in: J. B. Taylor and M. Woodford (ed.) *Handbook of Macroeconomics*, Elsevier, 1999.

Berry T., S. Byers and D. Fraser, "Do Bank Loan Relationships Still

Matter?", *Journal of Money, Credit, and Banking*, Vol.38, No.5, 2006.

BIS, "BIS 84th Annual Report", June 2014.

Blancher N., et al., "Systemic Risk Monitoring ('SysMo') Toolkit—A User Guide", IMF Working Paper, No. WP/13/168, July 2013.

Boissay F., "Credit Chains and the Propagation of Financial Distress", European Central Bank Working Paper, No.573, January 2006.

Borio C., C. Furfine and P. Lowe, "Procyclicality of the Financial System and Financial Stability: Issues and Policy Options", BIS Working Paper, No.1, 2001.

Borio C., "The Financial Cycle and Macroeconomics: What Have We Learnt?", BIS Working Papers, No.395, 2012.

Borio C., and P. Lowe, "Securing Sustainable Price Stability: Should Credit Come Back from the Wilderness", BIS Working Paper, No.157, 2004.

Borio C. et al., "Labour Reallocation and Productivity Dynamics: Financial Causes, Real Consequences", BIS Working Papers, No.534, 2015.

Brunnermeier M. and Y. Sannikov, "A Macroeconomic Model with a Financial Sector", *The American Economic Review*, Vol.104, No.2, 2012.

Brownlees C. T. and R. F. Engle, "Volatility, Correlation and Tails for Systemic Risk Measurement", *Social Science Electronic Publishing*, October 2012.

Cardoso-Lecourtois, M., "Chain Reactions, Trade Credit and the Business Cycle", *Econometric Society*, No.331, August 2004.

Carlstrom C. T. and T. S. Fuerst, "Agency Costs, Net Worth, and Business Fluctuations: A Computable General Equilibrium Analysis", *The American Economic Review*, Vol.87, No.5, 1997.

Cecchetti S. G., M. Mohanty and F. Zampolli, "The Real Effects of Debt", BIS Working Papers, No.352, September 2011.

Cecchetti S. and E. Kharroubi, "Reassessing the Impact of Finance on Growth", BIS Working Papers, No 381, 2012.

Cecchetti S., "Is Globalisation Great?", Remarks Prepared for the 11th BIS Annual Conference, Lucerne, Switzerland 21-22, June 2012.

Chivakul M. and W. R. Lam, "Assessing China's Corporate Sector Vulnerabilities", IMF Working Paper, No. WP/15/72, March 2015.

Christiano L. and T. Fitzgerald, "The Band Pass Filter", *International Economic Review*, No.2, 2003.

Claessens S., M. A. Kose and M. E. Terrones, "Financial Cycles: What? How? When?", IMF Working Paper, No.11/76, April 2011.

Comin D. and M. Gertler, "Medium-term Business Cycles", *The American Economic Review*, Vol.93, No.3, 2006.

Coricelli F. and I. Masten, "Growth and Volatility in Transition Countries: The Role of Credit", *Festschrift in Honor of Guillermo A. Calvo*, April 2004.

Council of Economic Advisers (U. S.), "Economic Report of the President", 1992.

Davis E. P., *Debt, Financial Fragility, and Systemic Risk*, Clarendon Press, 1992.

Diamond D. and P. Dybvig, "Bank Runs, Deposit Insurance, and Liquidity", *The Journal of Political Economy*, Vol.93, No.3, 1983.

Drehmann M., C. Borio and K. Tsatsaronis, "Anchoring Countercyclical Capital Buffers: The Role of Credit Aggregates", *International Journal of Central Banking*, Vol.7, No.4, 2011.

Drehmann M. and M. Juselius, "Do Debt Service Costs Affect Macroeconomic and Financial Stability?", *BIS Quarterly Review*, September 2012.

Drehmann M. and K. Tsatsaronis, "The Credit-to-GDP Gap and Countercyclical Capital Buffers: Questions and Answers", *BIS Quarterly Review*, March

2014.

Drehmann M., C. Borio and K. Tsatsaronis, "Characterising the Financial Cycle: Don't Lose Sight of the Medium Term!", BIS Working Paper, No.380, 2012.

Drehmann M., C. Borio, et al., "Countercyclical Capital Buffers: Exploring Options", BIS Working Papers, No.317, 2010.

Dynan K., K. Johnson and K. Pence, "Recent Changes to a Measure of US Household Debt Service", *Federal Reserve Bulletin*, Vol.89, No.10, October 2003.

English W., K. Tsatsaronis and E. Zoli, "Assessing the Predictive Power of Measures of Financial Conditions for Macroeconomic Variables", BIS Working Paper, No.22, 2005.

Favarra G., "An Empirical Reassessment of the Relationship between Finance and Growth", IMF Working Papers, No.03/123, 2003.

Fazzari S., R. G. Hubbard and B. Petersen, "Investment, Financing Decisions, and Tax Policy", *The American Economic Review*, Vol.78, No.2, 1988.

Fisher I., *Stabilizing the Dollar*, New York: The Macmillan Company, 1920.

Fisher I., *The Purchasing Power of Money, Its Determination and Relation to Credit, Interest and Crises*, New York: The Macmillan Company, 1911.

Fisher I., "Debt-Deflation Theory of Great Depressions", *Econometrica*, Vol.1, No.4, 1933.

Freixas X. and J. Rochet, *Microeconomics of Banking (Second Edition)*, The Massachusetts Institute of Technology Press, 2008.

Friedman M. and A. J. Schwartz. *A Monetary History of The United States: 1967–1960*, Princeton: Princeton University Press, 1963.

Gerali A., S. Neri, L. Sessa and F. Signoretti, "Credit and Banking in a DSGE Model of the Euro Area", *Journal of Money, Credit and Banking*,

Vol.42, No.1, 2010.

Gertler M. and N. Kiyotaki, "Financial Intermediation and Credit Policy in Business Cycle Analysis", B. Friedman and M. Woodford Elsevier, *Handbook of Monetary Economics*, 2010.

Getler M. and G. Hubbard, "Financial Factors in Business Fluctuations", NBER Working Paper, No. 2758, 1988.

Gertler M. and N. Kiyotaki, "Banking Liquidity and Bank Runs in a Infinite Economy", *The American Economic Review*, Vol.105, No.7, 2015.

Getler M. and S. Gilchrist, "The Role of Credit Market Imperfections in the Monetary Transmission Mechanism: Arguments and Evidence", *Scandinavian Journal of Economics*, Vol.95, No.1, 1993.

Getler. M. and S. Gilchrist, "Monetary Policy, Business Cycles and the Behavior of Small Manufacturing Firms", *The Quarterly Journal of Economics*, Vol. 109, No.2, 1994.

Gikas A. Hardouvelis and Thierry A. Wizman, "The Relative Cost of Capital for Marginal Firms over the Business Cycle", *FRBNY Quarterly Review*, 1992.

Goldman Sachs, "Internet Finance", Research Report, 14 November 2014.

Gray D. and S. Malone, "*Macrofinancial Risk Analysis*", New York: John Wiley & Sons, 2008.

Gray D. and A. Jobst, "Systemic CCA-A Model Approach to Systemic Risk", IMF Working Paper, No. WP/13/54, 2010.

Guerrieri L. and M. Iacoviello, "Collateral Constraints and Macroeconomic Asymmetries", *Journal of Monetary Economics*, Vol.90, 2017.

Haldane A., "On Microscopes and Telescopes", Speech at the Lorentz Centre Workshop on Socio-Economic Complexity, Leiden, Netherlands, 27 March 2015.

Hannoun H., "Central Banks and the Global Debt Overhang", Speech at 50th SEACEN Governors' Conference, Port Moresby, November 2014.

Harding D. and A. Pagan, "Dissecting the Cycle: A Methodological Investigation", *Journal of Monetary Economics*, Vol.49, No.2, 2002.

Harding D. and A. Pagan, "Synchronization of Cycles", *Journal of Monetary Economics*, Vol.132, No.1, 2002.

Heytens P. and C. Karacadag, "An Attempt to Profile the Finances of China's Enterprise Sector", IMF Working Paper, Vol.182, No.1, 2001.

IMF, "Are Credit Booms in Emerging Markets a Concern", in "World Economic Outlook", April 2004.

IMF, "Global Financial Stability Report", September 2009.

IMF, "Global Financial Stability Report", September 2011.

IMF, "Key Aspects of Macroprudential Policy: Background Paper", June 2013b.

IMF, "People's Republic of China: 2013 Article IV Consultation", IMF Country Report, No. 13/211, July 2013a.

IMF, "People's Republic of China: Financial System Stability Assessment", IMF Country Report, No. 17/358, December 2017.

IMF, "Global Financial Stability Report: A Bumpy Road Ahead", April 2018.

James C., "Some Evidence on the Uniqueness of Bank Loans", *Journal of Financial Economics*, Vol.19, No.2, 1987.

Jensen H., S. O. Ravn and E. Santoro, "Changing Credit Limits, Changing Business Cycles", *European Economic Review*, 2018, Forthcoming.

Jensen M. C. and W. H. Meckling, "Theory of the Firm: Managerial Behavior, Agency Costs and Ownership Structure", *Journal of Financial Economics*, Vol.3, No.4, 1976.

Jensen M. C., "Agency Costs of Free Cash Flow, Corporate Finance, and Takeovers", *The American Economic Review*, Vol.76, No.2, 1986.

Keynes J. M., *The General Theory of Employment, Interest and Money*, Macmillan Press, 1936.

Kindleberger C. P. and R. Z. Aliber, *Manias, Panics and Crashes: A History of Financial Crises*, New York: John Wiley & Sons, 2015.

King R. G. and R. Levine, "Finance and Growth: Schumpeter Might be Right", *The Quarterly Journal of Economics*, Vol.108, No.3, 1993.

Kiyotaki N. and J. Moore, "Credit Chains", *Edinburgh School of Economics Discussion Papers*, University of Edinburgh, 1997b.

Kiyotaki N. and J. Moore, "Credit Cycles", *Journal of Political Economy*, Vol.105, No.2, 1997a.

Kliesen K. L. and J. A. Tatom, "The Recent Credit Crunch: The Neglected Dimensions", *Federal Reserve Bank of St. Louis Review*, September 1992.

Koo R. C., "The Holy Grail if Macroeconomics: Lessons from Japan's Great Recession", John Wiley & Sons, 2008.

Kregel J. A., "Margins of Safety and Weight of the Argument in Generating Financial Fragility", *Journal of Economics*, Vol.31, No.2, 1997.

Kydland F. and E. Prescott, "Time to Build and Aggregate Fluctuations", *Econometrica*, Vol.50, No.6, 1982.

Levine R., "Financial Development and Economic Growth: Views and Agenda", *Journal of Economic Literature*, Vol.35, No.2, 1997.

Lichtenberg F. R. and D. Siegel, "The Effect of Ownership Changes on the Employment and Wages of Central Office and Other Personnel", *Journal of Law and Economics*, Vol.33, No.3, 1990.

Lichtenberg F. R. and D. Siegel, "The Effects of Leveraged Buyouts on Productivity and Related Aspects of Firm Behavior", *Journal of Financial Economics*, Vol.27, No.1, 1990.

Liu X. and X. Zhou, "How the Financial Resources are Allocated to the Real

Economy in China—Test for Relationships between the Financial and Industrial Sector", Working Paper, 2009.

Lummer S. L. and J. J. McConnell, "Further Evidence on the Bank Lending Process and the Capital-market Response to Bank Loan Agreements", *Journal of Financial Economics*, Vol.27, No.1, 1989.

Martha L., "Indonesia's Poni Economy: Does Financial Crises Give a Lesson", The 5th Euro SEAS Conference, University of Naples Orientale', Italy, September 2008.

MGI, "Debt and (not much) Deleveraging", Research Report, February 2015.

Milton F. and A. J. Schwartz, *A Monetary History of United Sates*, 1867-1960, Princeton: Princeton University Press, 1963.

Minsky Hyman P., *John Maynard Keynes*, McGraw-Hill, 1976.

Minsky Hyman P., *Stabilizing an Unstable Economy*, Connectiact: Yale University Press, 1986.

Minsky Hyman P., "The Financial Instability Hypothesis", in *Handbook of Radical Political Economy*, edited by Philip Arestis and Malcolm Sawyer, Edward Elgar: Aldershot, 1993.

Mishkin F. S., "The Causes and Propagation of Financial Instability: Lessons for Policymakers", Proceedings from Federal Reserve Bank of Kansas City, 1997.

Modigliani F. and M. H. Miller, "The Cost of Capital, Corporation Finance and the Theory of Investment", *The American Economic Review*, Vol.48, No.3, 1958.

Modigliani F. and M. H. Miller, "Corporate Income Taxes and the Cost of Capital: A Correction", *The American Economic Review*, Vol.53, No.3, 1963.

Myers S. C. and N. S. Majluf, "Corporate Financing and Investment Decisions

When Firms Have Information That Investors Do Not Have", *Journal of Financial Economics*, Vol.13, No.2, 1984.

Newcomb S., "Principles of Political Economy", New York: Harper & Brothers, Franklin Square, 1911.

Niemira M. P. and P. A. Klein, *Forecasting Financial and Economic Cycles*, New York: John Wiley & Sons, 1994.

Ramos, etc., "How High, How Structural? Tying NPL Estimates Real Sector", Asian Bank NPLs: Goldman Sachs Research Report, 1998.

Reinhart C. M. and K. S. Rogoff, *This Time Is Different: Eight Centuries of Financial Folly*, Princeton: Princeton University Press, 2009.

Romer P., "The Trouble with Macroeconomics", Delivered as the Commons Memorial Lecture of the Omicron Delta Epsilon Society, January 5, 2016.

Schumpeter J. A., *Theory of Economic Development*, Cambridge: Harvard University Press, 1934.

Stiglitz J. E., "The Theory of 'Screening', Education and the Distribution of Income", *The American Economic Review*, Vol.63, No.3, 1975.

Stiglitz J. E. and A. Weiss, "Credit Rationing in Markets with Imperfect Information", *The American Economic Review*, Vol.71, No.3, 1981.

Stiglitz J. E. and B. Greenwald, *Towards a New Paradigm in Monetary Economics*, London: Cambridge University Press, 2002.

Townsend R., "Optional Constracts and Competitive Markets with Costly State Verification", *Journal of Economic Theory*, Vol.21, No.2, 1979.

Tvede L., *Business Cycles: History, Theory and Investment Reality*, New York: John Wiley & Sons, 2006.

Viñals J. and J. Fiechter, "The Making of Good Supervision: Learning to Say 'No'", IMF Staff Position Note, May 2010.

Volcker P., "Protecting the Stability of Global Financial Markets", in

Macroprudential Regulatory Policies: The New Road to Financial Stability?, World Scientific Publishing, 2011.

Wilson T. C., "Portfolio Credit Risk", *FRBNY Economic Policy Review*, October 1998.

索 引

C

偿债率 3, 6, 7, 20, 21, 30, 91, 95, 99, 100, 101, 113, 115, 117

F

负债率 3, 6, 12, 13, 14, 15, 16, 17, 18, 19, 20, 23, 24, 25, 26, 27, 30, 37, 38, 39, 91, 94, 95, 96, 101, 103, 105, 112, 113, 114, 115

H

宏观审慎监管 7, 11, 12, 41, 88, 89, 90, 92, 97, 100, 101, 103, 113, 114, 115, 116

J

金融不稳定假说 10, 11, 41, 45, 46, 47, 48, 49, 50, 58, 60, 87, 112, 115

金融加速器模型 5, 11, 42, 50, 51, 52, 53, 54, 58, 112, 115

金融体系脆弱性 3, 12, 42, 46, 60, 94, 101, 103, 111, 112, 113, 116

金融系统性风险 1, 2, 3, 4, 7, 8, 10, 11, 12, 41, 43, 63, 84, 87, 88, 90, 91, 92, 93, 94, 96, 97, 101, 103, 111, 113, 114, 115

N

逆周期资本监管 19, 65, 89, 90, 91

Q

去杠杆 11, 12, 23, 101, 103, 104, 105, 106, 107, 108, 109, 114

S

实体经济债务 1, 2, 3, 4, 5, 6, 7, 10, 11, 12, 13, 14, 15, 17, 18, 19, 21, 22, 23, 25, 27, 29, 31, 32, 33, 35, 37, 39, 41, 42, 43, 45, 47, 49, 51, 53, 55, 56, 57, 58, 59, 60, 61, 63, 65, 67, 69, 71, 73, 75, 77, 79, 81, 83, 85, 87, 89, 91, 92, 93, 94, 95, 97, 99, 100, 101, 103, 104, 107, 111, 112, 113, 114, 115, 116, 117

Z

债务风险　6，10，11，12，22，23，24，27，30，31，41，46，91，92，93，94，100，103，105，107，109，111，112，113，114

债务规模　1，6，10，12，13，16，17，22，23，25，29，38，39，46，49，50，56，60，64，91，93，94，95，99，103，104，107，108，112，113，114，115，117

债务—通缩理论　5，10，11，42，43，44，60，112，115

债务周期　11，12，58，59，60，61，63，64，65，66，67，68，69，70，71，72，73，75，77，78，79，80，81，82，83，84，85，100，112，113，115，116，117

资产负债表衰退理论　11，12，42，55，57，58，112，115

后 记

2008年爆发的国际金融危机暴露了主流经济理论的诸多缺陷，引发了学术界和政策层对于金融体系与实体经济关系的重新反思，以纠正"货币中性论""金融无关论"（如"MM"定理、有效市场假说）等对金融发展和金融政策的误导。与此相应，2012年以来中国经济金融发展先后出现了两个重大的现实问题，一个是前几年金融机构高利润与实体企业经营难并存，另一个则是近年来实体经济高杠杆（且经济下行压力持续加大）与金融体系高风险（不良贷款暴露）并存。这些重大现实问题的持续存在，也将我国关于金融体系与实体经济关系的讨论引向了高潮。对此，我国政策层和相关部门一直强调，实体经济是金融的根基，金融是实体经济的血脉，金融体系与实体经济共存共荣，金融部门要协调完成好服务实体经济与防控金融风险两方面的任务。这一指导思想将经济发展与金融稳定统筹考虑，无疑是合理和必要的，但落实到具体的政策制定和业务实践中还存在不少的障碍和困惑。政策研究和学术研究的结合让我深刻意识到，破解这些障碍和困惑的关键是，厘清金融体系与实体经济到底是什么关系，金融体系影响经济运行的机制到底有哪些，实体经济债务又将如何反向影响金融机构的经营。

协调推进实体经济去杠杆与金融体系防风险（尤其是系统性风险），是近几年我国推动金融体系与实体经济同生同荣所要重点解决的问题。去杠杆落脚在实体部门的债务上，防风险（不良资产持续双升）主要体现在金融机构的资产上，表面上并没有直接的联系。但事实上，金融体系是为国民经济配置资金的中介部门，实体经济（企业部门、家庭部门和政府部门）的债务对应着金融体系的资产，实体经济高杠杆与金融体系高风险是一个问题的两个方面。金融系统性风险的积累和爆发，从供给方看是由于金融体系信贷过度扩张及其结构失衡，从需求方看则是实体经济债务不断扩张及其资源错配在金融体系的反映。经济金融发展是"融资—投资—盈利—偿债"不断循环的结果，金融体系资产与实体经济债务相伴而行：一方面金融体系的融资服务推动了实体经济的投资发展和债务变化，金融机构的资产扩张（信贷供给）先于实体经济的债务变化；另一方面实体经济部门的债务风险变化先于金融机构的资产质量变化，金融体系的风险积累和暴露很大程度上是实体经济债务风险的镜像。正因如此，我国金融管理部门认为，我国实体经济的高杠杆（高债务）已成为宏观金融脆弱性的总根源。

正是由于实体经济与金融体系之间存在双向反馈关系，实体经济债务风险在时序上先于金融体系风险变化，金融体系防风险与实体经济去杠杆应当统筹考虑，协调推进。然而，国内外已有的金融系统性风险监测方法和监管政策主要是针对金融体系自身来设计的，尚未充分考虑金融体系与实体经济的关系，系统性风险监管的系统性不足。已有的金融系统性风险监测方法，如系统性预期损失值方法（Systemic Expected Shortfall，SES）、系统性风险指标（Systemic Risk，SRISK）、条件风险价值模型（CoVar）等，都是基于金融机构财务数据或者金融市场运行表现来评估金融系统性风险，监测结果的前瞻性和全面性有待进一步检验。已有的宏观审慎监管工具，如纵向维度基于"广义信贷/GDP"变化计提逆周期资本、横向维度对系统重要性金融机构征收附加资本，也主要是基于金融体系的信贷供给和金融机构的个性特征来制定实施的，并没有把握风险的根源和触发点，监管的侵入性和有效性也将受到极大挑战。如果考虑信贷扩张和货币供给所具有的内生性，这些系统性风险评价方法和宏观审慎监管的前瞻性、全

后 记

面性、侵入性和有效性将会更打折扣。[①]

《债务、风险与监管——实体经济债务变化与金融系统性风险监管研究》将金融系统性风险的防控和监管前移到实体经济债务层面，聚焦研究实体经济债务变化如何影响金融系统性风险以及如何改进金融系统性风险监管这两个逻辑递进的问题。为此，本书首先分析了实体经济债务影响金融稳定性的理论机制和潜在路径，并构建了实体经济债务影响金融脆弱性的债务周期（金融周期）解释框架；根据我国经济金融体系的制度特征和发展实践，选择广义信贷、广义信贷/GDP以及房地产价格作为债务周期的构建指标，优化调整传统转折点法和带通滤波法的参数设计，实证检验了我国实体经济债务周期与金融体系稳定的关系；基于理论机制分析和实证检验结果，从实体经济债务出发，为进一步修改完善金融系统性风险的监测、评估和监管，提出了具体的改进方案和政策建议。

本书是在我博士后研究报告《实体经济债务变化与金融系统性风险监管研究》的基础上修改而成，衷心感谢两位导师——原银监会刘春航研究员和国家金融与发展实验室李扬研究员的悉心指导，感谢原银监会李文红老师、綦相老师、唐炜老师以及中国人民大学王国刚老师和北京大学李连发老师在研究报告答辩过程中给予的建设性意见，感谢原银监会政策研究局徐洁勤副局长、何国锋副局长、叶燕斐巡视员以及中央财办张晓朴研究员给予的鼓励和支持，感谢原银监会政策研究局黄海晶博士在债务周期实证分析方面的合作支持。同时，非常感谢经济管理出版社宋娜老师等为书稿出版所做的高质量编辑审校工作。凑巧的是，研究报告入选第七批《中国社会科学博士后文库》与家里小亨同志出生同属一天，借此书作为小亨的问世礼物，感谢小亨妈妈的辛劳付出。

书稿只是构建了一个"实体经济债务—金融体系风险—宏观审慎监

[①] 朱太辉：《货币信贷内生扩张及其经济效应研究》，中国金融出版社2015年版；朱太辉：《信贷内生扩张下逆周期资本监管效力的初步研究》，《金融监管研究》2012年第5期。

管"的初步分析框架，旨在推动金融系统性风险和宏观审慎监管领域的研究发展和政策完善，全当抛砖引玉，希望各位专家老师批评指正和共同探讨。

朱太辉

2018 年 12 月

专家推荐表

第七批《中国社会科学博士后文库》专家推荐表 1

推荐专家姓名	刘春航	行政职务	中国银监会政策研究局局长
研究专长	金融监管、国际监管改革	电话	
工作单位	中国银监会	邮编	
推荐成果名称	债务、风险与监管——实体经济债务变化与金融系统性风险监管研究		
成果作者姓名	朱太辉		

（对书稿的学术创新、理论价值、现实意义、政治理论倾向及是否达到出版水平等方面做出全面评价，并指出其缺点或不足）

实体经济高杠杆和金融系统性风险是近年来我国金融领域风险防控的重点，而如何提高金融监管的前瞻性和有效性是此次国际金融危机后全球金融监管改革的重点之一。对于金融风险防控而言，实体经济的债务对应着金融机构的资产，实体经济的债务变化在时序上先于金融体系的风险变化。朱太辉同志根据其博士后研究报告修改而成的《债务、风险与监管——实体经济债务变化与金融系统性风险监管研究》一书，聚焦实体经济债务变化如何影响金融系统性风险、如何从实体经济债务视角改善宏观审慎监管的前瞻性和有效性，选题具有较强的问题导向和政策价值。

该书提出的实体经济债务变化影响金融脆弱性的债务周期解释框架，厘清了实体经济债务影响金融体系稳定的机制和路径，有助于更好地认识实体经济债务与金融系统性风险之间的关系。与此同时，该书借鉴 2008 年国际金融危机后国际清算银行（BIS）和国际货币基金组织（IMF）等最新研究提出的"金融周期理论"，对我国实体经济债务变化及其对我国金融体系脆弱性的影响进行了实证检验，揭示了我国债务周期和金融周期的特征属性及其发展过程以及与金融调控的关系。这些有助于监管人员在宏观上更好地理解实体经济债务影响金融稳定性的机制，更好地认识金融体系的系统性风险。

该书在理论分析和实证检验的基础上，提出金融系统性风险监管在关注金融机构和金融体系的同时，应该将系统性风险的监测、评估和监管前移至实体经济部门债务层面，拓展了金融系统性风险防控以及宏观审慎监管政策研究的范畴。在具体政策措施上，该书建议对实体经济债务规模、债务结构、偿债能力进行前瞻性监测，从整个实体经济部门的负债率而非仅仅是当前的广义信贷规模/GDP 来优化逆周期资本缓冲监管标准，扩大贷款价值比应用范围以优化信贷结构，通过设置企业债务偿付能力指标降低银行贷款的违约概率等，对于提高系统性风险监管的前瞻性、全面性和有效性具有较大的政策参考价值。

此外，该书提出，服务实体经济是金融体系发展的根本目标，管控金融风险是金融体系发展的立身之本，两者需要动态平衡。金融体系不能只是通过简单的信贷扩张和资金投放来缓解经济下行压力，而是要通过优化信贷结构、提高服务质量来推动实体经济高质量发展，否则信贷扩张推动实体经济债务增长的同时，也会导致金融资源的持续错配和金融风险的持续积累，最终既不利于实体经济的持续较快发展，也不利于金融体系的系统性风险防控。这些研究结论，有助于深化学术界和政策层关于金融体系与实体经济之间关系、金融业服务实体经济与防控金融风险之间关系的理解。

签字：

2018 年 1 月 12 日

说明：该推荐表由具有正高职称的同行专家填写。一旦推荐书稿入选《博士后文库》，推荐专家姓名及推荐意见将印入著作。

第七批《中国社会科学博士后文库》专家推荐表 2

推荐专家姓名	瞿 强	行政职务	中国财政金融政策研究中心主任
研究专长	货币金融理论与金融体系稳定性	电话	
工作单位	中国人民大学财政金融学院	邮编	
推荐成果名称	债务、风险与监管——实体经济债务变化与金融系统性风险监管研究		
成果作者姓名	朱太辉		

（对书稿的学术创新、理论价值、现实意义、政治理论倾向及是否达到出版水平等方面做出全面评价，并指出其缺点或不足）

在整个国民经济中，金融体系属于配置资金的中介部门，实体经济（企业部门、家庭部门和政府部门）的债务风险最终会反映在金融体系特别是银行业的风险和稳健性上。朱太辉同志根据其博士后研究报告修改而成的《债务、风险与监管——实体经济债务变化与金融系统性风险监管研究》一书将实体经济债务与金融系统性风险监管结合在一起，聚焦实体经济债务与金融系统性风险的关系，以及如何更好地监管和防控金融系统性风险，选题具有较强的现实意义和研究价值。

该书按照"我国实体经济债务的发展、风险与原因分析—实体经济债务影响金融脆弱性的理论机制—我国实体经济债务影响金融脆弱性的实证检验—金融系统性风险监管改进之策—实体经济债务风险根治之道"的研究思路，综合运用统计分析、理论分析和实证检验等研究方法，对实体经济债务变化如何影响金融系统性风险进行了较为全面系统的研究。该书逻辑清晰、论证充分、结论明确、政策建议可行性强。

在理论上，该书吸收借鉴"债务—通缩理论""金融不稳定假说""金融加速器模型""资产负债表衰退理论"的思想，提出了实体经济债务影响金融体系稳定的债务周期解释框架，综合反映了实体经济债务的扩张时间、扩张速度、结构分配对金融系统性风险的影响。在实证上，该书结合中国经济金融体系的实际情况，对识别债务周期波峰（波谷）的转折点法和带通滤波法进行了优化调整，提高了债务周期和金融周期实证检验方法的合理性和对中国的适用性，也增强了检验结果的说服力。在政策上，该书从金融机构和金融体系之外来探讨金融系统性风险的监管和防控，将系统性风险的监测、识别、评估和监管前移至实体经济部门债务层面，并提出了具体的监管政策建议，有利于推动完善金融系统性风险防控体系和宏观审慎监管框架。

如果作者后续能够将该书构建的实体经济债务影响金融脆弱性的债务周期解释框架具体化为标准的宏观经济理论模型，并据此进一步拓展、完善实证检验，则理论的创新性和学术的影响力会更大。

签字：

2018 年 1 月 15 日

说明：该推荐表由具有正高职称的同行专家填写。一旦推荐书稿入选《博士后文库》，推荐专家姓名及推荐意见将印入著作。

经济管理出版社 《中国社会科学博士后文库》 成果目录

第一批《中国社会科学博士后文库》(2012年出版)

序号	书　名	作者
1	《"中国式"分权的一个理论探索》	汤玉刚
2	《独立审计信用监管机制研究》	王　慧
3	《对冲基金监管制度研究》	王　刚
4	《公开与透明：国有大企业信息披露制度研究》	郭媛媛
5	《公司转型：中国公司制度改革的新视角》	安青松
6	《基于社会资本视角的创业研究》	刘兴国
7	《金融效率与中国产业发展问题研究》	余　剑
8	《进入方式、内部贸易与外资企业绩效研究》	王进猛
9	《旅游生态位理论、方法与应用研究》	向延平
10	《农村经济管理研究的新视角》	孟　涛
11	《生产性服务业与中国产业结构演变关系的量化研究》	沈家文
12	《提升企业创新能力及其组织绩效研究》	王　涛
13	《体制转轨视角下的企业家精神及其对经济增长的影响》	董　昀
14	《刑事经济性处分研究》	向　燕
15	《中国行业收入差距问题研究》	武　鹏
16	《中国土地法体系构建与制度创新研究》	吴春岐
17	《转型经济条件下中国自然垄断产业的有效竞争研究》	胡德宝

第二批《中国社会科学博士后文库》(2013年出版)

序号	书 名	作 者
1	《国有大型企业制度改造的理论与实践》	董仕军
2	《后福特制生产方式下的流通组织理论研究》	宋宪萍
3	《基于场景理论的我国城市择居行为及房价空间差异问题研究》	吴 迪
4	《基于能力方法的福利经济学》	汪毅霖
5	《金融发展与企业家创业》	张龙耀
6	《金融危机、影子银行与中国银行业发展研究》	郭春松
7	《经济周期、经济转型与商业银行系统性风险管理》	李关政
8	《境内企业境外上市监管若干问题研究》	刘 轶
9	《生态维度下土地规划管理及其法制考量》	胡耘通
10	《市场预期、利率期限结构与间接货币政策转型》	李宏瑾
11	《直线幕僚体系、异常管理决策与企业动态能力》	杜长征
12	《中国产业转移的区域福利效应研究》	孙浩进
13	《中国低碳经济发展与低碳金融机制研究》	乔海曙
14	《中国地方政府绩效评估系统研究》	朱衍强
15	《中国工业经济运行效益分析与评价》	张航燕
16	《中国经济增长:一个"被破坏性创造"的内生增长模型》	韩忠亮
17	《中国老年收入保障体系研究》	梅 哲
18	《中国农民工的住房问题研究》	董 昕
19	《中美高管薪酬制度比较研究》	胡 玲
20	《转型与整合:跨国物流集团业务升级战略研究》	杜培枫

第三批《中国社会科学博士后文库》(2014年出版)

序号	书名	作者
1	《程序正义与人的存在》	朱 丹
2	《高技术服务业外商直接投资对东道国制造业效率影响的研究》	华广敏
3	《国际货币体系多元化与人民币汇率动态研究》	林 楠
4	《基于经常项目失衡的金融危机研究》	匡可可
5	《金融创新及其宏观效应研究》	薛昊旸
6	《金融服务县域经济发展研究》	郭兴平
7	《军事供应链集成》	曾 勇
8	《科技型中小企业金融服务研究》	刘 飞
9	《农村基层医疗卫生机构运行机制研究》	张奎力
10	《农村信贷风险研究》	高雄伟
11	《评级与监管》	武 钰
12	《企业吸收能力与技术创新关系实证研究》	孙 婧
13	《统筹城乡发展背景下的农民工返乡创业研究》	唐 杰
14	《我国购买美国国债策略研究》	王 立
15	《我国行业反垄断和公共行政改革研究》	谢国旺
16	《我国农村剩余劳动力向城镇转移的制度约束研究》	王海全
17	《我国吸引和有效发挥高端人才作用的对策研究》	张 瑾
18	《系统重要性金融机构的识别与监管研究》	钟 震
19	《中国地区经济发展差距与地区生产率差距研究》	李晓萍
20	《中国国有企业对外直接投资的微观效应研究》	常玉春
21	《中国可再生资源决策支持系统中的数据、方法与模型研究》	代春艳
22	《中国劳动力素质提升对产业升级的促进作用分析》	梁泳梅
23	《中国少数民族犯罪及其对策研究》	吴大华
24	《中国西部地区优势产业发展与促进政策》	赵果庆
25	《主权财富基金监管研究》	李 虹
26	《专家对第三人责任论》	周友军

第四批《中国社会科学博士后文库》(2015 年出版)

序号	书　名	作　者
1	《地方政府行为与中国经济波动研究》	李　猛
2	《东亚区域生产网络与全球经济失衡》	刘德伟
3	《互联网金融竞争力研究》	李继尊
4	《开放经济视角下中国环境污染的影响因素分析研究》	谢　锐
5	《矿业权政策性整合法律问题研究》	郗伟明
6	《老年长期照护：制度选择与国际比较》	张盈华
7	《农地征用冲突：形成机理与调适化解机制研究》	孟宏斌
8	《品牌原产地虚假对消费者购买意愿的影响研究》	南剑飞
9	《清朝旗民法律关系研究》	高中华
10	《人口结构与经济增长》	巩勋洲
11	《食用农产品战略供应关系治理研究》	陈　梅
12	《我国低碳发展的激励问题研究》	宋　蕾
13	《我国战略性海洋新兴产业发展政策研究》	仲雯雯
14	《银行集团并表管理与监管问题研究》	毛竹青
15	《中国村镇银行可持续发展研究》	常　戈
16	《中国地方政府规模与结构优化：理论、模型与实证研究》	罗　植
17	《中国服务外包发展战略及政策选择》	霍景东
18	《转变中的美联储》	黄胤英

第五批《中国社会科学博士后文库》（2016年出版）

序号	书　名	作　者
1	《财务灵活性对上市公司财务政策的影响机制研究》	张玮婷
2	《财政分权、地方政府行为与经济发展》	杨志宏
3	《城市化进程中的劳动力流动与犯罪：实证研究与公共政策》	陈春良
4	《公司债券融资需求、工具选择和机制设计》	李　湛
5	《互补营销研究》	周　沛
6	《基于拍卖与金融契约的地方政府自行发债机制设计研究》	王治国
7	《经济学能够成为硬科学吗?》	汪毅霖
8	《科学知识网络理论与实践》	吕鹏辉
9	《欧盟社会养老保险开放性协调机制研究》	王美桃
10	《司法体制改革进程中的控权机制研究》	武晓慧
11	《我国商业银行资产管理业务的发展趋势与生态环境研究》	姚　良
12	《异质性企业国际化路径选择研究》	李春顶
13	《中国大学技术转移与知识产权制度关系演进的案例研究》	张　寒
14	《中国垄断性行业的政府管制体系研究》	陈　林

第六批《中国社会科学博士后文库》(2017年出版)

序号	书　名	作　者
1	《城市化进程中土地资源配置的效率与平等》	戴媛媛
2	《高技术服务业进口技术溢出效应对制造业效率影响研究》	华广敏
3	《环境监管中的"数字减排"困局及其成因机理研究》	董　阳
4	《基于竞争情报的战略联盟关系风险管理研究》	张　超
5	《基于劳动力迁移的城市规模增长研究》	王　宁
6	《金融支持战略性新兴产业发展研究》	余　剑
7	《清乾隆时期长江中游米谷流通与市场整合》	赵伟洪
8	《文物保护经费绩效管理研究》	满　莉
9	《我国开放式基金绩效研究》	苏　辛
10	《医疗市场、医疗组织与激励动机研究》	方　燕
11	《中国的影子银行与股票市场：内在关联与作用机理》	李锦成
12	《中国应急预算管理与改革》	陈建华
13	《资本账户开放的金融风险及管理研究》	陈创练
14	《组织超越——企业如何克服组织惰性与实现持续成长》	白景坤

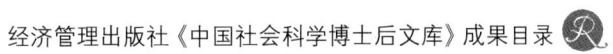

第七批《中国社会科学博士后文库》(2018年出版)

序号	书 名	作 者
1	《行为金融视角下的人民币汇率形成机理及最优波动区间研究》	陈 华
2	《设计、制造与互联网"三业"融合创新与制造业转型升级研究》	赖红波
3	《复杂投资行为与资本市场异象——计算实验金融研究》	隆云滔
4	《长期经济增长的趋势与动力研究:国际比较与中国实证》	楠 玉
5	《流动性过剩与宏观资产负债表研究:基于流量存量一致性框架》	邵 宇
6	《绩效视角下我国政府执行力提升研究》	王福波
7	《互联网消费信贷:模式、风险与证券化》	王晋之
8	《农业低碳生产综合评价与技术采用研究——以施肥和保护性耕作为例》	王珊珊
9	《数字金融产业创新发展、传导效应与风险监管研究》	姚 博
10	《"互联网+"时代互联网产业相关市场界定研究》	占 佳
11	《我国面向西南开放的图书馆联盟战略研究》	赵益民
12	《全球价值链背景下中国服务外包产业竞争力测算及溢出效应研究》	朱福林
13	《债务、风险与监管——实体经济债务变化与金融系统性风险监管研究》	朱太辉

《中国社会科学博士后文库》
征稿通知

为繁荣发展我国哲学社会科学领域博士后事业，打造集中展示哲学社会科学领域博士后优秀研究成果的学术平台，全国博士后管理委员会和中国社会科学院共同设立了《中国社会科学博士后文库》（以下简称《文库》），计划每年在全国范围内择优出版博士后成果。凡入选成果，将由《文库》设立单位予以资助出版，入选者同时将获得全国博士后管理委员会（省部级）颁发的"优秀博士后学术成果"证书。

《文库》现面向全国哲学社会科学领域的博士后科研流动站、工作站及广大博士后，征集代表博士后人员最高学术研究水平的相关学术著作。征稿长期有效，随时投稿，每年集中评选。征稿范围及具体要求参见《文库》征稿函。

联系人：宋　娜　主任
联系电话：01063320176；13911627532
电子邮箱：epostdoctoral@126.com
通讯地址：北京市海淀区北蜂窝8号中雅大厦A座11层经济管理出版社《中国社会科学博士后文库》编辑部
邮编：100038

经济管理出版社